直效销售

卓越销售员的17个黄金法则

[美] 安东尼·伊安纳里诺 ◎ 著　诸葛雯 ◎ 译
（Anthony Iannarino）

图书在版编目（CIP）数据

直效销售 /（美）安东尼·伊安纳里诺著；诸葛雯译. -- 北京：北京联合出版公司，2017.8
ISBN 978-7-5596-0642-6

Ⅰ.①直… Ⅱ.①安… ②诸… Ⅲ.①销售学 Ⅳ.①F713.3

中国版本图书馆CIP数据核字（2017）第162871号

著作权合同登记号 图字：01-2017-4912号

This edition published by arrangement with the Portfolio, an imprint of Penguin Publishing Group, a division of Penguin Random House LLC.

直效销售

作　　者：（美）安东尼·伊安纳里诺
译　　者：诸葛雯
责任编辑：夏应鹏
封面设计：红杉林
版式设计：祖　涵

北京联合出版公司出版
（北京市西城区德外大街83号楼9层 100088）
北京联合天畅发行公司发行
北京新华印刷有限公司印刷　新华书店经销
字数150千字　　880毫米×1230毫米　1/32　8印张
2017年8月第1版　2017年8月第1次印刷
ISBN 978-7-5596-0642-6
定价：42.00元

未经许可，不得以任何方式复制或抄袭本书部分或全部内容
版权所有，侵权必究
本书若有质量问题，请与本社图书销售中心联系调换。电话：010-63783806/64243832

销售的成功只取决于销售员

在如今的销售行业之中，出现了一种规模空前的风尚：人人都在寻找捷径——用简单的应急之道获取眼下更好的销售业绩。销售领导与销售人员都在不断寻找最新的窍门、工具或流程，希冀能够寻得一些灵丹妙药。不幸的是，眼下许多营销类畅销书的作者、大热的博主及所谓的专家（有一些其实是假行家）极其乐意源源不断地抛出一堆堆动人却无效的废话以迎合那些懒惰、绝望的销售人员。这些人或是害怕或是不愿踏上通往成功的必经之路。可悲的是，那些意志坚定且奋发图强、想要提高营销技能的专业销售人员有时也会上当受骗。

在搜索栏中键入安东尼·伊安纳里诺与《直效销售》，你找不到许多与之类似的书籍或是愿意与读者分享残酷事实的作者。安东尼不会说一些你想听的话，也不会再提一些可以"快速致富"或是"在碳水化合物摄入量翻倍的同时，不做任何锻炼却能减肥"的计划。相反，他揭开幌子，揭示了有关谁能成为销售赢家、他们获胜的原因及其成功之道等更深层的真相。

直效销售

如果你想找的是权宜之计，那么对不起，这本书不适合你。不过，如果你已经准备好学习金牌销售员的过人之处并且真正想要成为那种每年都能将对手远远甩在身后的职业销售人员，那么，恭喜你！你选对了作者挑对了书。

在《直效销售》一书中，安东尼解决了一个关键的核心问题。老实说，只有这个问题才真正关乎销售：为何少数几位极其成功的销售人员能够始终超越同行？

过去五年间，我一直在密切关注安东尼，我相信他在这一领域具有得天独厚的优势，他完全有资格回答这个问题。我不太清楚安东尼何时才会入睡。他是一家极为成功的劳务派遣公司的合伙人与执行总监，手下有着一支绩效极高的销售团队。他经常就各种重要的销售话题在全球范围内进行演讲。在过去的上千个日子中，他寻到了一种可以在每天撰写一篇阅读量数以万计的销售博文的方式。没错，安东尼了解销售，了解销售人员，也了解销售领导力，而且他有足够的勇气告诉你，除了流行观念之外，你还需要了解些什么。我鲜少在销售问题上向人求教，而他便是其中之一。

这本书建立在一个重要的前提之上：多数业绩不佳的销售人员都认为，销售场景促成了销售的成功，其实事实并非如此。成功的销售无关市场、产品、公司或是竞争。它只与销售人员有关——与个人有关。

此外，成功销售并不神秘。事实上，它根本不难理解。只要看看各行各业及各家企业中的金牌销售员便可知晓。安东尼在书中所提及的各项因素可以在他们身上一览无余！这既非偶然也非巧合；这些顶级销售人员均承认一个事实：他们自己才是促成销售成功的关键。

　　本书文笔优美，结构精巧。第一部分审视了影响销售业绩的心态与行为。先了解金牌销售员能立于不败之地的原因，再破解他们的成功之道，这种安排确实令人耳目一新。事实上，如果你不愿意对着镜子评价自己是否已经具备本书第一部分所提及的各项品质，那么直接跳到第二部分便毫无意义。首先要考虑的是如何展现这些心态。只有在了解了何种行为能够带来成功之后，才能将注意力转向技能的发展。在生活中即是如此，人际关系、体育运动与商业领域的方方面面亦是如此，销售领域更是不外如是。

　　安东尼并未藏起那些于销售有益的干货。本书的第一章直接深入探究了自律与他提出的"自我管理"的重要性。不要跳过或是匆匆带过这一章。这一章所阐述的基本事实是许多后续因素的基础。

　　一旦通读了安东尼在第一部分所传授的大师级心态课程，就可以步入第二部分既强大又实用的技能发展环节。第一部分所教授的品性、态度与行为能使你在销售战中立于不败之地，而第二部分揭示的技能则展示了如何有效地发起销售进攻以及如何果断地赢得胜利。从寻找潜在客户（建立关系）到交易终结（获得承

直效销售

诺)以及介于两者之间的一切过程,安东尼不遗余力地审视了所有的基本要素。你将学会如何讲述更加精彩的故事并提出更有深度的问题。这些问题不仅能帮助你甩开竞争对手,而且可以促使客户掏出腰包。最后几章则会将你的技能提升至更高的级别,帮助你在更加复杂的销售中提高销售效率。

安东尼断言,要想在今天获得成功,仅仅成为优秀的销售员是不够的。我们必须成为优秀的商人。他分享了自己的宝贵诀窍来提高你的商业敏感度,以便你能在客户眼中脱颖而出。他确保了你可以了解达成共识的重要性以及如何引领理想客户所在的企业——联系各方利益攸关者,巧妙合作并促成最佳机会,最终破门得分。

如果你确实想在销售领域长期以大比分获胜,那就拿起你最喜欢的饮料,抓起荧光笔、便笺簿与笔,翻开这本书吧。我保证,如果你想成为金牌销售员,就绝对能在《直效销售》中找到你想要的信息。

享受这种转变吧。

迈克·温伯格(Mike Weinberg)
新销售教练公司主席,《销售管理就是这么简单》(Sales Management. Simplified: The Straight Truth about Getting Exceptional Results from Your Sales Team)一书作者。

功的销售需要三样东西：心态、技能和工具

我在无意间成为了一名销售人员。

高中毕业前夕，我在俄亥俄州哥伦布市的退伍军人纪念礼堂中见到了英国硬摇滚乐队白蛇乐队的表演。那一年我年仅17岁。现场的女性观众对主唱大卫·科弗代尔的狂热回应让我惊叹不已。演出结束后，我打电话给哥哥迈克，告诉他我们必须组建一支摇滚乐队。刻不容缓。

我们的小乐队表现不俗，不出几年工夫，便已开始在哥伦布市最好的俱乐部中演出了。时年21岁的我渴望能够成为明星，于是我动身前往洛杉矶，决心成为一支全新的硬摇滚乐队的主唱。可是我需要一份正式的工作才能糊口。因为曾在家中的人才派遣公司中担任过招聘人员，我在一家为洛杉矶及其周边各类公司派遣临时雇员的公司中找到了一份工作。

在人事办公室工作了几个月之后，聘用我的经理返回纽约处理家中急事，我的顶头上司换了人——谁都不愿见到，也不需要这样的局面。第一周，新来的经理几乎对我不理不睬。我当时

直效销售

负责处理轻工业部门的业务,正在为仓库保管员的工作面试候选人,而且我一头长发及腰,也许完全引不起他的兴趣。我看起来完全不像那种可以帮助他拓展分公司业务的人,而他现在正在主管业务拓展。

后来有一天,他走到我面前问道:"销售人员都干些什么?"

我不太明白他想问些什么,于是给了他一个蹩脚的答案,说销售人员会给公司打电话争取签下订单。

他不耐烦地更改了措辞:"我们公司的销售人员都做些什么?"

我突然明白他想了解些什么了。他开始觉得我们办公室的三位销售人员并没有干多少活。他的判断没错。我不愿出卖同事,因此只答了寥寥数语。我当时并不知道,不出一个月,这三位销售人员便全部离职了。

我敢肯定,新上司觉得我很勤奋,因此才将我留了下来。我不仅完成了订单,而且进行了销售并赢得了客户,即便我永远不认为我所做的这一切可以算作是销售。

因为所有销售人员都不愿迈出公司的大门去推销,经理便将他们全部开除,随后他又找到我。这一次,他推给我一张纸,上面列出了一些公司客户的名字。"这些是谁的客户?"他问道。

"我的。"我答道。

"你是怎么争取到这些客户的?"他的语气中带着浓浓的挑剔

的意味。我知道，他真正想问的是，"就凭你这种形象，怎么可能争取到客户？"

我回答说："我只不过挨个打电话，问问他们是否需要我的帮助。有些人说需要，于是我就上门拜访他们。其中一些人会下订单。"

我在一家小型企业中长大而且也曾在那里工作过，我只是照着别人的教导行事——积极努力。不需要面试候选人的时候，我就会给那些聘用临时雇员的公司打电话，问问他们是否需要帮助。

我的新上司觉得他找到了新的销售员：我。可我对此兴致寥寥。事实上，我拒绝去做销售，因为我觉得销售是你对别人所做的事，而非为了别人或是与其共同完成的事。当然了，对于被推销的一方而言，销售一无是处。

可我发现自己根本没有选择。新经理威胁说：如果我不愿做外部销售就要解雇我。由于担心被炒鱿鱼后会失业，同时又害怕被迫回到哥伦布市，我不情不愿地当起了业务代表。

幸运的是，我的经理是一位伟大的导师与教练。他与我一同拨打电话并会在自己拨打电话时带上我。我很快发现，他所做的事不具备任何操纵性或自我导向性；他只是在寻找一种方式来帮助客户。我发现，销售其实就是帮助人们获得他们想要的结果，但是如果缺少了我的帮助，他们便无法得偿所愿，因此我便爱上

直效销售

了这场游戏。我和经理一起，将这间分公司的业务量从每周两千小时发展成为每周两万两千小时，从而成为业绩最佳、业务增长最快的美国分公司之一。

1992年前，我一直在销售部工作并且在一支摇滚乐队中担任领奏。那一年，我在踩着楼梯爬上位于布伦特伍德的公寓时癫痫大发作。我最终还是回到了哥伦布市，继续了几年的摇滚乐手生活。然而，我所珍爱的长发派对摇滚已被由涅槃乐队和珍珠果酱乐队所引领的一众愤怒、蹩脚的摇滚乐手们完全扼杀。

尽管我的摇滚生涯就此结束，但是起初不情不愿涉足的销售之路才真正开始。事实证明，我也热爱销售，因为它不仅使我变得创意满满，而且可以帮助我解决实际的业务难题。

在意识到我的未来在销售行业之后，我便开始认真地研究起这门学科来。最初，我学习的目的是使自己成为更加专业、更为成功的销售人员。在那之后，我的研究目的便转为成为更有效的销售团队领导。现在我的目标已经成为帮助其他销售领导提高销售团队的业绩。在撰写本书时，我对销售领域的研究已逾两年半。

多年来，我阅读了数以百计的销售类书籍，钻研了该学科所有的主要概念、战略与策略。通常我会与他们的创始人直接联系。我也有机会亲自在现实世界中，在销售机构这个更大的背景下测试这些想法。

从开始的那一刻起，我便一直在寻找一个核心问题的答案：

功的销售需要三样东西：心态、技能和工具

为何少数几位极其成功的销售人员能够始终超越他们的同行？

他们确实做到了。我们都已见证了他们的成功。我们都认识一些销售人员，他们能够推销出你未曾想过还会有人掏钱购买并且定价过高的商品而且还业绩超群，而另一些人却连最热门市场中的最火爆产品也推销不出去。现在，在像谷歌或苹果这类超级热门的公司中，一些人甚至无法完成自己的销售任务。但是还有无数销售人员的销售业绩大幅超出预期。他们推销一些无聊的工业设备，你甚至可能从未听说过这些公司或是他们的产品。

因此，我再次提出了同样的问题：为何少数几位极其成功的销售人员能够始终超越他们的同行？

答案也许与你的预期不尽相同。销售的成功并不取决于销售场景。换句话说，它与你所推销的产品、客户或是所处的地域无关。它不依赖于你所采用的销售过程或是公司销售主管是谁。能有一款优质产品、快速增长的客户群以及未曾开发的处女地当然是件好事。一个有效的销售过程以及可以依靠的睿智领导也很重要。但是，在任何情况下都会出现成功与失败的销售人员，两者我都曾见过。

若想正确回答我的问题，你就必须再次理解，销售与情景无关——它是一种个人行为。销售成功与否，关键取决于你。即便之前几次三番遭到拒绝，依旧拿起电话向潜在客户介绍新想法的人是你。坐在客户对面，为他创造价值的人是你。寻求必要的支持以确保客户可以获取价值的人也是你。

在成功销售的等式中，没有哪项因素的分量可以超越你自己。

求解销售方程式

那么，成功需要什么——确保销售方程式能以一种强大的方式为你所用？

三种东西足矣：一种心态、一组技能与一套工具。

我厚着脸皮从我的朋友杰哈德·葛史汪德纳（Gerhard Gschwandtner）那里盗用了心态、技能组与工具包的想法。葛史汪德纳是《销售力》（Selling Power）杂志社里一位魅力四射的出版商，而且在销售与成功领域，他是我所认识的最具好奇心、思虑最为周到的人之一。我不清楚他究竟是从哪儿获得了如此有效的三件套的灵感，但是一听到这个想法，我就知道这是我所需要的框架。

销售人员首先需要摆正心态：正确的信念和态度。然后他们需要正确的技能集，即像优秀销售员那般，完成所有事情的能力——如寻找潜在客户、获得承诺以及为潜在客户创造价值。最后，他们需要合适的工具包，其中包括销售模板、销售剧本、销售流程记录以及销售方法（工具包需要针对企业进行高度定制，因此不在本书的讨论范围之列。）销售人员需要依次掌握以下三项内容：心态、技能与工具包。本书将集中讨论心态与技能。

你手中的这本书与你也许会随手拿起的其他销售类书籍均不同。它并非以某家全球咨询公司所做的广泛、昂贵的研究为基础，也与销售过程或销售方法无关，尽管那些提供此类框架的书籍极其有用。我不会将自己在销售行业中的冒险经历与经验娓娓道来（尽管书中的确会提及一些简短的逸事）。然而，书中有大量关于你自己以及成功必备的心态与技能集的讨论。

本书是一本生存指南：一本手册。它的目标读者是对自我提高及业绩改善深感兴趣的销售人员。撰写本书时，我也希望能给一线的销售经理提供一个框架，让他们可以快速、轻松地找到团队成员所面临的挑战。我相信在为销售经理提供了一个可用框架之后，我也能帮到他们。他们可以借助这个框架，对他们有幸能够服务并领导的销售人员产生巨大影响。

本书的第一部分甚至未曾谈及如何进行销售。相反，它讲的是你必须成为什么样的人才能在当今社会成功销售。请注意，必须先学会"做人"才能学会"销售"。我所读过的销售书籍中没有任何一本首先将重点放在了心态上。不过我知道，如果没有正确的心态，世间所有的销售技巧均无法发挥效用——如果它们确实有效的话。

在本书的第二部分，我们将讨论在当今社会进行有效销售时所必备的技能——但不仅限于技能集,因为这一部分的各章节抓住了赢得交易所必需的心态与必要技能。换句话说,它们抓住了成功销售的基本要素。

读完——并且开始应用——书中的一些所学之后,你就能踏上品性与态度的培养之路,成为别人眼中值得与之签订合约的人。你也会更加深入地了解那些在为客户创造价值时所必需的技能。将成功的品质与掌握销售技巧后所获得的有效性结合在一起,就能创造出更多的销售机会并从中获得更大的收获。

销售成功的要素

也许你还记得高中化学课上学过的元素周期表。1869年,俄罗斯化学家德米特里·门捷列夫最初发表元素周期表的时候,表上只有63个元素。待到我撰写本书时,周期表中的元素已增至118个。不知道将来还会发现或是开发出怎样的新元素。

尽管我的化学知识有限,但是我相信,用元素周期表来比喻书中的概念极其恰当,因为表中的元素构成了我们已知的宇宙。这张表囊括了组成我们身体的一切以及我们能够创造的一切。全世界都是由一组可辨元素组成的,成功销售也不例外。撰写本书的目的就是找到这些元素,优先考虑它们并帮助你培养这些品德。我的目标十分远大:帮助你巨幅提升销售业绩,发展你的事业。换句话说，我想帮助你以最强大的方式重建你的销售王国。

我们可以利用销售周期表中的十七个元素来实现这一点：构成销售人员心态与技能集的元素。如果你能掌握这些元素并利用它们重塑自我，就将拥有实现成功销售所需的一切。

不过这可不像背下整张周期表那样简单。自我重塑不可能在一夜之间完成，它需要你投入时间与精力。销售业绩的改善立等可见，但是你需要在整个职业生涯中不断努力才能掌握这十七个要素。此外，销售周期表与化学元素周期表一样，并非一成不变。销售行业在逐步发展。成功销售的要素将随着世界的变化而不断演变，也许会有新的元素补充进来。

销售周期表中有两类元素，也许你已经猜到了：行为（心态）与技能（技能集）。我们将在本书的第一部分和第二部分分别探讨这两类元素。

第一部分——心态：成功销售的信念与行为

第一部分探讨的九个要素能赋予你为他人创造价值的能力以及实现卓越成果所需的人际交往能力。影响潜在客户的能力就是建立在这些心态元素的基础之上。

在第 1 章，**自律：自我管理的艺术**中，你将学会遵守最为重要的承诺：对自己的承诺。成功销售的十七个要素——换句话说，你所做的一切——全都需要自律。

在第 2 章，**乐观：积极的心态**中，你将学会如何保持乐观、积极的态度。这种态度可以激励他人相信，他们可以改善自我、寻找更美好的未来。挑战与损失是销售过程中必不可少的组成部分。面对这些不可避免的挫折时，乐观也能增强你的恢复力。

第 3 章，**关怀：帮助他人的愿望**展示了在销售中将真心关怀客户作为一种战略优势的新方法。你还将了解为何关怀客户与有效销售之间不存在冲突。

在第 4 章，**好胜心：想要夺魁的强烈欲望**中，你会努力爆发体内的小宇宙，扬长避短并学会如何参与零和博弈（只有一个赢家的游戏）。

第 5 章，**智谋：要么觅得道路，要么另辟蹊径**将讨论一项关键性的元素。你将在本章中学会如何激发自己的想象力与创造天赋以及如何形成可以帮助客户解决问题的想法与见解。随后，你将学习如何应用刚刚发现的智谋来解决潜在客户所面临的挑战，从而赢得交易。

在第 6 章，**主动性：预先采取行动**中，你会发现为何对于有效销售来说，积极主动至关重要，为何它是寻找潜在客户的核心以及为何客户需要你采取主动。我们将粉碎自满情绪并用积极主动、全情投入与创新能力取而代之。

在第 7 章，**毅力：突破重重阻力**后，你将学会如何"放长线,钓大鱼"。你将学会如何在既不犹豫不决又不成为滋扰的情况下,继续争取潜在客户。你会更像一只牛头犬,但客户却会因此感激你。

第8章,**沟通:倾听与联系**是一门培养倾听与理解,随后阐明想法的能力的课程。一切真实的销售行为都发生在买方与卖方之间,这些全都需要通过清晰的沟通才能实现。

在第9章,**责任心:掌控你的销售成果**中,你需要学习在为客户执行方案时所必备的心态。仅仅将产品扔在客户门口已经不够了。你所销售的解决方案会遭遇挑战,而客户期望你能够应对这些挑战。他们会要求你对自己的销售成果负责。本章将为你提供需要提交给客户的行动方案。

第10章,**掌握构成思维定式的因素,从而产生影响**,总结了前面所列的九项元素并解释了为何真正能对销售产生影响的不是销售策略而是个人性格。这一点很重要。你将了解到,掌握这九项元素将使你变身为一个值得进行交易并且能够帮助客户采取行动的销售人员。

第2部分——技能组合:成功销售的能力

本书的第二部分探讨了成功销售的八项技能组成要素,它们能使你与贵公司在客户的心中脱颖而出。

直效销售

第11章重点关注**谈妥交易：要求并获得对方的承诺**。为了进行有效销售，你必须能够要求对方做出承诺并得到这份承诺。从最初答应面谈到最后承诺签订合约，你将学会如何要求客户做出所有必要的承诺。获得承诺已变得日益重要，因为销售越来越复杂，它需要更多人做出更多承诺。

第12章是**寻找潜在客户：建立关系、创造机会**。如果你已涉足销售行业，就应该知道，机遇可以通向最终的合约。你将在本章学习如何有效提高寻找潜在客户的能力并且增强采取此类行动的意愿。

在第13章，**讲故事：创建并分享愿景**中，你将掌握与客户一起撰写与他们有关的故事的技巧。你会学会如何使客户成为故事中的英雄，而你则是他们的向导与合作伙伴。你也会掌握如何写出一个与你们的未来有关的更精彩、更引人注目的故事。

但是在讲故事之前，你必须清楚潜在客户现身处何方，又将去往何处。在第14章**诊断：渴望深入了解**中，你将学会如何发现客户所面临的挑战的真实情况，以及如何提出既能使你与众不同又会对客户产生影响使他们采取行动的问题。

第15章**谈判：创建双赢的交易**解释了如何既能保证客户在讨价还价中获益，又能确保你可以抓住应有的价值。

接下来的三章讲的是更为高阶的技能集元素。你在别处绝对读不到这几章中出现的材料。现有的销售研究中也不容易找到

12

这些元素的身影。这些内容在过去可有可无，但是现在却至关重要。客户的需求变得日益错综复杂，我们必须开发出新技能才能为他们创造价值。它们比你已经在使用的那些技巧更难掌握。你需要利用迄今所学的一切才能加以掌握。

第16章，**商业敏锐度：了解业务、创造价值**解释了为何商业头脑是一种新的销售技能。你将学会如何发展想法、洞察力与情境知识。你作为一位引人注目的相关价值创造者的能力将得到巩固。

在第17章**变革管理：取得共识、提供帮助**中，你将学会如何管理克服现状所需的所有利益相关者的关系。本章是发展与领导变革的路线图。

第18章审视了**领导力：与他人一道或是借由他人的力量形成结果**。你会学到领导不是一个头衔，而是一种责任。因为你必须对结果负责，所以必须领导团队与客户。

在最后一章，**运用技能组合，创造竞争优势**中，你将学会如何回答潜在客户提出的最具挑战性的问题："我为何要与你合作？"本章将串联所有元素，使它们能在你的销售中发挥作用。你会发现，你从未像现在这样整装待发或是自信满满地为客户创造价值、赢得交易。

我知道你现在已经迫不及待地想要大干一场，着手发展这些元素了。但首先，我们要对书中反复出现的术语"理想客户"下

直效销售

个定义。

　　理想客户是一位潜在客户，你可以为其创造出惊人的价值，而他也允许你留下一部分你所创造的价值（即所谓的"利润"）。

　　你可以通过自己独有的方式解决某些潜在客户所面临的一系列挑战，从而成为他们的最佳合作伙伴。若是想在销售领域取得成功，就应该将注意力集中到这些客户身上。

　　我真的，真的想让你把时间和精力花在理想客户身上，因为你们之间的关系可以带来惊人的业绩。不过，有时我只会在书中使用"潜在客户"或"客户"这类术语。你仍然会拜访潜在客户并且为一些老客户提供服务，但是这并不意味着你不应该重视上游的理想客户！

目 录
CONTENTS

销售的成功只取决于销售员 / 1

功的销售需要三样东西：心态、技能和工具 / 01

第一部分
PART ONE

心态：成功销售的信念与行为

第 1 章　自律：自我管理的艺术　/ 003

第 2 章　乐观：积极的心态　/ 020

第 3 章　关怀：帮助他人的愿望　/ 034

第 4 章　好胜心：想要夺魁的强烈欲望　/ 047

第 5 章　智谋：要么觅得道路，要么另辟蹊径　/ 058

第 6 章　主动性：预先采取主动　/ 071

第 7 章　毅力：突破重重阻力　/ 082

第 8 章　沟通：倾听与联系　/ 094

第 9 章　责任心：掌控你的销售成果　/109

第 10 章　掌握构成思维定式的因素，从而产生影响　/119

第二部分
PART TWO

技能组合：成功销售的能力

第 11 章　谈妥交易：要求并获得对方承诺　/130

第 12 章　寻找潜在客户：建立关系、创造机会　/141

第 13 章　讲故事：创建并分享愿景　/153

第 14 章　诊断：渴望深入了解　/167

第 15 章　谈判：创建双赢的交易　/176

第 16 章　商业敏锐度：了解业务、创造价值　/187

第 17 章　变革管理：取得共识、提供帮助　/198

第 18 章　领导力：与他人一道或是借由他人力量形成结果　/210

第 19 章　运用技能组合，创造竞争优势　/223

致　谢　/230

PART ONE

第一部分

心态：成功销售的信念与行为

若是想在现今的销售大战中获胜，强大的心态便不可或缺，而这种心态正是由下面十章所介绍的九种品性构成。这一部分的最后一章，第 10 章"影响力"是本章的综述。开始培养这九种品性之后，影响力就将是你能够收获的最终结果。

让我来告诉你这些内容缘何重要，又为何须在讨论技巧之前培养这些品性。

人们仍旧会从他们熟识、喜欢和信任的人那里购买产品与服务。你的"身份"比你能够"做的事"更为重要。作为一名销售人员，你所面临的更大风险就是，虽然掌握了销售技巧但却并不具备建立永久的客户关系所必需的性格特征。

你更有可能因为缺乏自律、态度不好、不愿采取主动、缺乏决心或是未能施展智谋而导致销售失败。我们要确保这种事情不会发生。

这十章将使你踏上终生学习的旅程。你可以在余生继续打磨这些品性并依旧存有改善的余地。不过，改善这九种品性可以带来立竿见影的效果，你大可不必为此望穿秋水。

第1章
自律：自我管理的艺术

　　管理自我，本质上就是管理你所做出的承诺——你固然会与他人协同工作，但主要还是得依靠自己。而且，在当今的环境中记录下这些承诺并非易事。你需要一种体系——一个"外脑"——来确保你能在正确的时间做正确的事。

　　　　　　　　——戴维·艾伦（David Allen），

　　　《搞定》（*Getting Things Done*）一书作者

　　成为一位成功的销售人员或是伟大推销员的秘诀是什么？

　　并非你所销售的产品或服务。也不是你的竞争对手、市场环境、价格结构、不断进步的技术或是任何此类事物。

　　秘诀就在你的身上。你的自我管理能力与自律能力决定了销售的成败。

　　让我换一种说法：能否做到自律是决定成功与失败的关键。没错，销售人员的心态、技能与工具包中包含许多内容，但是如果没有很强的自律性，这些都不值一提。

多数人之所以会失败并不是因为能力不够，而是因为他们不愿去走成功的必经之路。这就意味着他们不愿约束自己。这就是为何自律，或是我提到的"自我管理"，能够成为成功销售的基石的原因。销售领域也好，其他领域也罢，成功有赖于必要的行动。除非愿意采取这些行动，否则你便永远也无法接近成功。

自律是所有成功人士的基本品性。即便不情不愿，他们也会因为自律而采取行动。自律使他们有可能集中时间与精力完成现在必须完成的事而不至于拖延耽搁。自律赋予了他们力量，让他们可以为了在日后获得真正想要的东西而放弃眼下的些许欢愉。在销售领域，自律是划分伟大与平庸的分界线。

认真对待这第一项品德至关重要。不要因为觉得学习如何敲定合同或是寻找潜在客户更有价值就直接跳到后面的章节。如果开始着手训练这项品德，如果能够将其完善，那么你就更容易有条不紊地掌握其他内容。

首要承诺

销售不外乎就是获得潜在客户的承诺。然而，最重要的承诺是你对自己所做的那些。你一直在向自己承诺，不论你是否意识到了这一点。

第 1 章
自律：自我管理的艺术

例如，你知道自己需要花时间去寻找潜在客户。但此时，小小的嘀嘀声响起，提示你又收到了新电邮，于是你的注意力再次发生转移。你没有着手去拨打这些必要的电话，而是花了一个小时查看收件箱。你刚刚就做出了一项承诺。

已经有人在向你所在的区域内那些最大、最好的潜在客户推销与贵公司同款的产品了。你知道自己应该与这些潜在客户建立起联系，也清楚自己需要制订一份协调良好的长期计划才能争取让上述客户中的某一位点头答应与你面谈——仅仅只是面谈而已！可你却开始在办公室的饮水机旁聊起天来，任凭时间悄悄从指缝中溜走。你又做出了一项承诺。

是时候拜访某位潜在客户了，但你却因为一直忙于处理其他事情而忘了回头查看自己的笔记，忘了为这次会面做好准备。现在你两手空空地去与这位客户进行最为重要的交流，既没有准备企划案，也没有带上你承诺会为其提供的东西。又一项承诺。

当你跳过应该拨给潜在客户的电话，未能在你们之间建立起联系并且忽略了准备工作的时候，你正在做些什么？

你绝对没有对自己、对未来、对成功做出承诺。既然你没有做出并遵守这些承诺以及其他承诺，成功于你而言不过就是一场梦而已。

直效销售

有志者事竟成

早在职业生涯的早期，我就发现了自律的力量。离开洛杉矶，重回家族企业后的第一天就发生了一件令我毕生难忘的事。那天早上，销售经理带着两名下属走到我的办公桌前，甩给我一沓纸。"这些都是我们的客户，你不用去走访任何一家。"她说。

我翻了翻这堆文件，满满的都是公司名录。我们这家小公司居然已经赢得了这么多客户，这多少让我有些惊讶。"这些都是我们现在的客户吗？"我感动地问道。

"不是！"她厉声说道，"但我们正在拜访这些公司。这些你不用管。"

现在我明白了：这个"我们"不包括我在内。

第二天上午 8 点，我关上办公室的门，翻到电话黄页中收录公司名录部分，开始给所有尚未成为我们客户的公司打电话。午餐前，我一直在打无约电话，吃完午餐后回来接着拨，直至下班。第二天、第三天、第四天都是如此。这般坚持、自律的努力终于换来了面谈的机会。拨打的电话越多，面谈的机会也就越多。面谈的机会一增加，赢得的业务也就开始增多。不出六个月，我已然成了销售冠军。12 个月后，我的销售业绩已经超过了销售团队其他成员的总和。不久，销售经理带着下属离开了

第1章
自律：自我管理的艺术

公司。

并不是说我比团队中的其他成员更强。甚至也不是说我更擅长打无约电话，这绝非我的强项。我想说的是，我与其他销售人员之间的销售业绩的差异缘自我的自律行为。在我打电话的时候，销售经理和她的销售代表们正在聊他们的周末与前一晚收看的电视节目，假装看上去忙着与现有客户互动。他们完全没有寻找潜在客户。

我之所以能够获得成功，不过是因为我愿意做出承诺，坚持采取有目的的行动。我强迫自己拨打成千上万个无约电话，由此，我几乎在电话本中的每一页上都挖到了隐藏的宝藏。事实证明，许多能为我们带来最大收益的公司并非是室内那些最大或是最知名的公司，而是一些规模更小的公司。销售经理扔在我的办公桌上，让我不要去碰的公司名录中永远也不会出现它们的名字。

销售经理离开时，依旧不清楚我究竟做了些什么或者说我为何能够成功。但是我学到了令我受益匪浅的一课：自律是成功销售的关键。若是无法与自律的行为相结合，良好的意图将毫无价值。

收获自我管理的奖励

有效的自律或自我管理有赖于下列三项品德：

直效销售

1. **意志力**：即便不太可能立刻获得回报，依旧下定决心采取行动。有无数的事情会令你分心，将注意力从需要去做的事情上移开。你需要依靠意志力才能无视它们，坚持工作。有时做到这一点很困难也很无聊，但却极其重要。

2. **刚毅**：在逆境中展现勇气。你会经常遭人拒绝，但是不要因此气馁。找到继续前进的力量。下定决心坚持自己选定的道路，无论将会遭遇何种艰难险阻。

3. **责任心**：对自己造成的结果负责，像对待他人那样遵守对自己所做的承诺。例如，假如你约了理想客户面谈，就绝对不敢放他鸽子或是毫无准备地去赴约。事实上，除非你学会并且直到你学会去遵守你对自己所做的承诺，否则便无法向客户交付你所承诺的结果。正如《高效能人士的7个习惯》(*The 7 Habits of Highly Effective People*)一书的作者史蒂芬·柯维（Stephen R. Covey）所说的那样："个人生活的成就能够带来公共生活的成就。"

由此衍生开来

自我管理有赖于意志力、刚毅与责任心这三种品德。一旦你养成这些品质并成为了自律大师，就能收获包括诚实、勇敢以及正直不阿的能力在内的许多奖励。你还会发现，延迟满足还能帮助你在未来获得更多收获。原因如下：

第1章
自律：自我管理的艺术

◎ **诚实**。说实话需要意志力，在真话会伤害到你的时候尤其如此。我们会本能地规避痛苦、寻求快乐。诚实有时会带来痛苦，因此，尽管会遭遇个人不适、风险或损失，我们都需要变得刚毅才能采取行动。回避艰难的谈话或是撒谎很容易，当错误的一方是你，并且坦白认错也许会破坏你与客户之间的关系时尤是如此。这时，自律就有了用武之地。当逃避是一种更为舒适的选择时，诚实可以让你说出实话。你的诚实以及你应对那些令人感到不安的事情的能力会让你显得更值得信任，也让客户觉得你更为可靠。

◎ **勇气**。勇气并非指心中毫无恐惧，而是说即便你被恐惧所扰，也依然会采取行动。在自律的配合下，你才有勇气将自己置于可能会受伤的境地，才能无视内心深处那个劝诫你应该撤到安全地带的声音。自律赋予了你勇敢地昂首站立的力量，即便你因恐惧而战栗不已。它表明，你正致力于一些更为重要的事情、一个更高的目的，而且你愿意坚守承诺，不论将会付出何种代价。

◎ **正直**。时刻保持言行一致——也就是说，直言不讳、心口一致——并不容易。但这就是正直的定义。说出口的话就是你对自己的约束，并且你可以成为别人的依靠。你需要集合意志力、勇气与强烈的责任感才能做到这一点。有时这很难做到，而有时你只是不愿意去做而已。令人愉悦的分心之物往往会打乱你的计划。但自律能让你遵守承诺，始终说到做到。

◎ **日后更为丰厚的回报。**自律最重要的益处就是，眼下的延迟满足可以完全转化为日后更丰厚的回报。为了换回这种回报，也许除了痛苦，你现在一无所获。例如，不再沉溺于多睡几分钟所能带来的快乐。延迟这种满足感，该起床时就起床，准备充分后准时到达面谈地点，将许多竞争对手远远甩在身后。或者不要为了避免痛苦而对客户隐瞒你所犯下的错误。坦诚相告，忍受不适，日后便可赢得客户的信任与尊重。

总之，意志力、刚毅与责任心能够带来自律。而自律为你提供了诚实、正直、勇敢行事以及为了获得更好的回报而延迟满足所需的一切。这就是为何掌握自律如此重要的原因，因为一切成功所必备的品性均以它为基石。

将自律应用于日常的人脉维护工作

人类是喜欢追求新颖的生物，任何新奇、有趣或是令人兴奋的东西都能吸引他们的注意。的确，销售领域的一些新工具、新想法可以彻底革新你所做出的努力，带来令人振奋的结果。这些当然值得研究。然而，成功绝大部分取决于简单的日常人脉维护工作——也就是说，埋头苦干。

因为十分无趣且没有新意，而且绝对会次次遭人拒绝，许多销售人员都不屑于进行日常的人脉维护工作。但是，我们可以预

第 1 章
自律：自我管理的艺术

见这类工作所能带来的结果，从长远的角度来看尤其如此。这是必须应用自律的第一个领域。

寻找潜在客户的日常维护工作

销售界的基本规律就是：你越是拼命地想要抓住机会，就越是难以接近它们。每天在寻找潜在客户的时候都必须保持警觉，这样一来，你就不会感到绝望。如果只是断断续续地去寻找潜在客户，你就会感到压力、无法坚守承诺并产生一种焦虑感，迫使你去接受不如理想客户的东西。可是一旦受到自律的约束，拥有了可以坚持日复一日、周复一周、月复一月地寻找潜在客户的意志力和勇气，你实际上就能保证自己的手中握有源源不断的机会。

承诺每日进行有关寻找潜在客户的日常维护工作。在销售领域，你必须不断打通新的人脉。要记住，若是未曾开启，机会的大门便永远不可能合上。

促进关系的日常维护工作

为了实现成功销售，你必须提前发展搭建好必要的关系。

在追求成功的过程中，促进与理想客户之间的关系是最为重要的活动——但是促进关系与催逼客户之间不能混为一谈。待你发现自己迫切地需要得到机会时，再去搭建人脉则为时已晚。没有办法可以在仓促间建立起与客户之间的联系，也没有办法加速建立起信任感。建立信任感与客户关系都需要你投入时间，倾注细致、坚定且积极的关注。

如果你想获得有利可图、可以预见的结果，那么，像寻找潜在客户这类培养客户关系的活动就不能偶尔为之。作为日常的人脉维护工作的一部分，培养客户关系可以提前建立起必要的信任感并巩固你与客户之间的关系。

现有客户关系的日常维护工作

当现有客户还只是理想客户的时候，你就已经向他们做出了承诺。自此之后，你便履行了承诺。但是这样做还不够。不思进取，后患无穷。

如果客户的需求发生了改变，或是世界向我们抛出了一些意想不到的事情，你就需要陪在他们身边，帮助他们克服障碍或是利用起这些新的机会。若是没有陪伴在他们身旁并且无法主动预测并适应他们不断变化的需求就会招致客户的不满——当初，就是这种不满情绪为你创造了一个与理想客户携手工作的机会。

对现有的客户关系进行日常维护可以向客户证明，你是能够

第1章
自律：自我管理的艺术

长期保持主动的合作伙伴，并且你绝对能够说到做到。

需要经常进行日常维护的领域有很多，寻找潜在客户、促进客户关系以及保持与现有客户之间的积极互动仅仅只是其中的一小部分。你可以将其他项目增添进来，例如后续跟进、升级销售自动化软件或是客户关系管理器以及寄感谢卡等。认真做好日常的人脉维护工作，它就会给予你良好的回报。

培养自律的五种方式

等一等。你不会以为这本书与那种只需要被动阅读就可以的书一样吧？那你可就大错特错了。在每一章的结尾，你都需要动手实践，将所学的一切加以应用！

让我们来看一看五种可以即刻提高你的自我管理能力，增强你的意志力、勇气与责任心的方法。

1. 创建自律约束表

也许你会偶尔写下自己的目标，但是你可能从未列出过需要用自律去约束的事情。

自律约束表所列的都是你必须坚持不懈地去完成的事情，因为若是想要获得期望中的结果，你就必须不断处理这些事情。它与目标清单不同：目标是你想要实现的事情，是你在某一段时间内努力实现的结果。到了特定的一天，目标或是业已实现或是未能实现。然而自律约束表没有明确的终止日期。它会将你的目标分解成可操作的具体步骤、可实现目标的具体工作。

自律约束表远远超越了目标的概念。跑完马拉松是一项目标，每天健身就是一种自律行为。如果缺乏日常健身的自律约束，很多人会在跑完马拉松之后放弃那些可以塑造长跑能力的常规健身运动。减肥是一项目标，它不同于为了保持一贯的表现而常吃低热量的健康食物的自律行为。销售亦是如此。你的自律约束表中，也许包括利用每天上班后的第一个小时致电你列在清单上的最热门的领导者、所在区域的最佳潜在客户以及你从现有客户中遴选出的被推荐人。其他的自律行为可能是在每次与客户互动前为电话销售做准备，以及每次拜访客户之后为其寄去一张感谢卡。

通过创建自律约束表将目标分解为可操作的具体步骤，从而开启自我管理技能的训练之路。之后再决定是否需要每天、每周或每月完成这些步骤并为此制订出相应的计划。自律约束表不宜过长，你不必每天将所有事情都做一遍。

假设你的一项目标是发现更多新的销售机会，你也许会选择一些可以确保自己能够实现目标的自律行为。你为这个目标设定的自律行为也许只是只要身处销售行业，就要坚持每天、每周、每年都能保证一天花费一小时去寻找潜在客户。从长远来看，如果

第 1 章
自律：自我管理的艺术

仅仅花一周时间去积极寻找潜在客户，就绝对不可能实现坚持每天投入一个小时所能带来的积极结果。你也许可以尝试第二种自律行为：整整一年内，坚持每月向所有潜在客户发送一条含有他们认为有价值的内容的手写便条。每天花一小时进行电话沟通，每月寄一张个人记录都不是目标，而是自律行为。

制定完自律约束表之后，再看一看表上的各项，补充它们应该能够产生的结果。这些结果是否足以实现你的目标？如果不能，那就重新列表，直到它能够实现你的目标为止。

你可以登录 www.theonlysalesguide.com 下载免费的自律约束工作表。

2. 最糟的事情最先做

你经常会遇到不愉快或是困难的任务，而且你往往会禁不住将它们往后推，转而先去完成其他必须完成的事情——有时候甚至是不必要的事情！不幸的是，避开困难往往会导致失败。

不要推迟最为困难的任务。相反，应该趁着你仍旧精力充沛并尚未被花花世界的需求分散注意力之前，一大早就做完这些事情。完成一项艰巨的任务会使你的小宇宙爆发，从而更容易处理下一项任务。这个办法可以打造成功动势，而且绝对万无一失。

自律约束表无疑会包含你不喜欢或觉得困难的任务。找到这些任务，然后尽可能将它们安排在早上完成。现在，你也许想到了一些十分可怕，但对于实现期望结果而言十分关键的任务。翻开日历，把它排在明天上午。然后确保在动手去做其他事情之前先完成这项任务。

我很惧怕的一项自律行为是健身。我必须起床，穿戴整齐，然后开车去健身房举重。如果不将它排成早上的第一件事，就很容易会找借口，放弃我的健康承诺，因此，我每天凌晨5点起床，5:30开始锻炼。到了健身房我就会想起，最大的阻力并非来自我要举起的杠铃，而是最初在我内心抗拒前往健身房的力量。

你是否明知某位客户或潜在客户极难沟通却依旧尝试着拿起了话筒？如果没有，我保证你一定会拨这个电话。如果这通电话对于解决某个主要问题来说十分重要，那么你拖得越久，事情就会变得越糟。拖延也有可能会使这次电话沟通变得愈发具有挑战性。

先去拨打这通电话。完成这件事，早上的第一件事就是完成这项任务。无论结果如何（根据我的经验，结果总会好过你的预期），在这一天余下的时间里你的行动将更有成效。

3. 做出书面承诺

写下所有承诺就能极大地影响你实现承诺的能力。记下自律行为之后，它们就能由短暂变得具体，从而跳出主观世界，变得更加真实。

写下你的承诺。为了使这项练习变得更加有效，请在承诺中

第1章
自律：自我管理的艺术

加入下列内容：

◎ **履行承诺后将享受的积极结果。**列明你的销售业绩、职业生涯以及生活质量将会获得怎样的提高。这些将会提醒你，前方将有什么样的奖励在等待着你，从而激励你遵守承诺。

◎ **如果未能履行承诺，将会产生负面结果。**列出若是未能履行承诺，你的业绩将受何种影响，以及这些结果将对你的职业发展与生活的其他方面所产生的影响。这份列表会提醒你，若是未能履行承诺，你将面临何种风险。它将激励你去避免遭受这种痛苦。

例如，如果你承诺说要将每天的第一个小时贡献给寻找潜在客户，那么你将享受的积极成果就包括搭建更多人脉、创造新的机会，构建更宽更好的机会渠道以及最终赢得更多机会。也许这里面最大的积极成果就是提高收入，有能力为自己与家人提供更好的生活。

如果你未能遵守承诺，没有拨打电话又会怎样呢？你认识的人会减少，真实的人脉圈会缩小，创造的机会会变少，并且无法获得你所需要的新业务。你可能遭受的最大痛苦就是没有收入——或者说最极端的结论就是，你也许会失去工作。这可太痛苦了！

你可以在采取这些行动的原因中找到你的长期动力。这些标明了积极与消极后果的书面承诺使你能够进一步了解"为什么"要这样做。

4. 公开承诺

如果你与多数人一样，那么你就会在意别人对你的看法。因此，如果公开表明自己将会去做某件事，你就会更加努力地跟进。若是无法遵守自己在公开场合所做的这些承诺，你就将为此付出沉痛的代价，因为你破坏了他人对你的信心与信任。公开承诺的益处不仅局限于激励你变得更加自律。

如果你打算每天联系潜在客户——我强烈建议你这么做——那就公开寻找潜在客户的日程安排，以此获得同行的支持。将日程安排贴在门上。或者，若是你与同事共享日程安排，那就为自己安排一场会面，以便同事可以看到你已经有了安排。然后进一步与同行和经理分享你的自律约束表。通过公开这些承诺，你可以逐步提高自己的自律性以及完成承诺所需承受的压力。

公开承诺需要勇气，但是如果你这样做了，就能收获更多回报，因为当你守住承诺的时候，能够赢得他人的信心和信任。

5. 排除干扰、停止多任务模式

做到自律并不容易，生活中充斥着会令人分心的事物，就好像全世界都在密谋反对你一样。你可能会发现自己同时在做几件事情——例如，边打电话边上网或是在本该跟进上一周的会议的同时实时点击电子邮件——而不是在一段时间内专注于任何一件事。有些人说，同时处理多件事情可以帮助他们完成更多任务，

第1章
自律：自我管理的艺术

但是最新的神经科学研究表明，多任务模式会分散你的注意力，削弱你的脑力，最终降低你的工作效率。你需要更多时间来完成这些事。

制定自律约束表时，应将所有令人分心的事情全都排除在外，一次专注于一项任务。关掉手机与 Web 浏览器，在门把手上挂上"请勿打扰"的牌子，集中所有注意力和心力来实现你的目标。

6. 第一要素：迈出有力的一步

让自我管理成为个人成功公式的基石。努力增强自律性——你的意志力、勇气以及责任心——它是所有能使你成为销售大师的行为与技能的基础。从今天开始向自己承诺——并且坚守承诺。

第一步——现在就开始！

现在就应该做，但是却被你推迟或拒绝做的事情是什么？是打电话给理想客户安排面谈时间吗？是给对你或是公司不满的客户拨打跟进电话吗？不论是什么，现在就开始动手完成这些任务。

采取必要的行动，你就能建立起成功销售所必需的自律性。

第 2 章
乐观：积极的心态

随着激情而动是件好事。带着激情而动就更妙了。

——杰布·布朗特（Jeb Blount），
《与你做生意》（People Buy You）一书作者

  销售是一种以行动为导向的努力。你需要打电话、排时间、准备演示、写出提案，也需要面谈、策划、进行谈判等。似乎销售完全与行动、运动和动势有关——事实就是如此。

  但若缺少了积极的心态，没有了乐观的精神，此类行动多半会变得毫无价值。

  行动为你与客户带来结果——解决问题、赚取利润。但是若是没有正确的心态，你的行动就会变得短暂、无力。乐观能使你协调发展，长期表现抢眼。乐观能确保你专注于自己的任务，尽管高潮过后必有低谷。

第 2 章
乐观：积极的心态

乐观 vs. 悲观

要想成功地销售，你就必须具备或是培养乐观主义。销售领域的悲观态度将带你走向毁灭。悲观主义会扼杀成功，因为它抹杀了主动性。如果你很悲观，那么抓起电话致电一位多年来一直拒绝与你面谈的潜在客户就完全是一种疯狂的行为。毕竟，这位潜在客户甚至从未让你踏进过公司的大门。你会假设自己将再一次遭到拒绝。假如你很悲观，就会相信你的竞争对手与他们的客户之间已经签订了长期合约，建立起了有意义的客户关系，不论提供何种价值，你都无法使这些客户的心产生动摇。"如果客户会继续与我的竞争对手合作，"你会告诉自己，"没有什么能改变这种状况，那我为什么还要尝试呢？"如此这般，你便无法成功。

悲观主义会破坏自律性以及为了获得成功所必须采取的有目的的行动。它会帮你找到放弃的借口，借此削弱你的力量。悲观的心态总是能找到办法使不打电话这类决策显得合理化，从而帮助你逃避责任，保护自我价值感。想一想下面这些悲观的话。你有没有对自己或者——但愿没有——对别人说过这些话？

◎ "现在经济不景气，不会有人掏钱买了。"（你知道这是谎话，因为有无数销售人员正在打破这种谬论。）

直效销售

◎ "我所在的区域太烂,最好的潜在客户都已经被别人签走了。"(可是你自己也知道问题的"关键不在区域,而在于人"。态度端正的销售人员也能在这片区域取得销售业绩。)

◎ "销售经理总在妨碍我获得成功。"(你知道销售经理不会时刻贴在你身边,阻止你拿起手机拨打电话。)

◎ "我真正的问题出在佣金结构上。"(你真正的问题是,你所做的工作还不足以让佣金结构成为主要问题。)

◎ "我的竞争对手总是靠着价格打败我。"(当我们无法创造出足够的价值使自己显得与众不同并取得胜利的时候,就会对自己说这样的谎话。)

假如你正在这样告诉自己,那就是在允许悲观主义摧毁你采取行动的能力与意愿。即便其中的一些真实存在——即便你所在的区域不太好,你的佣金结构的确存在问题——当你这样想的时候,就是在放任悲观主义指导你的想法与行动,或者说你压根就缺少行动。

另一方面,乐观会推动你向前进。乐观是一种相信事情终会获得好的结果,你终将战胜一切困难的信念;是认为你可以对世界产生积极的影响并因此获得回报的坚定信念。乐观可以帮助你记住,你拨打的下一个电话也许就能说服理想客户与你见面,由此敦促你继续向前。乐观是一种坚定的信念,认为事情终将改观,你总能获得一直以来不懈寻求的机会去赢得客户的业务。乐

第 2 章
乐观：积极的心态

观使你能够面对并克服所有的障碍与挑战。它赋予了你坚持不懈的力量。

乐观与成功销售的信念

许多人认为乐观是天生的：你或者生来乐观或者不是。虽然也许有些人生来便带着乐观或悲观的倾向，但是我相信，你可以将自己训练成你所需要的乐天派。你可以充满对未来的激情与希望，确信好事必将发生，相信你终将实现自己期望的结果，即便足以支持这种信念的证据少得可怜或是压根没有。

人类在前进的道路上遇见过各种挑战。我们已经根除了曾经夺走数百万人生命的疾病；跨越了遥远的距离，甚至登上月球，将航天探测器送入数十亿英里外去探索太阳系的边界。史书上满是人们征服那些看似不可逾越的障碍的故事。他们之所以能够成功，多半是因为相信自己可以做到，即便成功的机会极其渺茫。

我们在生活中遇到的多数挑战自然不会如此这般的豪迈（虽然我赢得的几笔交易感觉要比登陆火星还困难），但是这只是意味着我们面前的障碍更容易克服。然而，为了迎接任何挑战，你必须首先相信自己有能力做到。所有最终被成功应对的挑战都始于一个愿景，而这个愿景正是由乐观主义所驱动的。

直效销售

你必须足够乐观才能设想自己会获得成功。乐观是通往更美好未来的跳板,也是为了实现成功销售,你必须持有的四种信念的基础。

信念 1:我可以有所作为

成功取决于你的信念,即你的努力将为客户、公司与你自己创造价值。这种信念是力量与主动性的巨大源泉。如果相信自己可以有所作为,相信自己可以创造价值,你的自信心与自我价值感就会爆棚。你就有力量去采取行动。

信念 2:我会成功

越是相信自己能够成功,就越有动力去实现它。换句话说,你会得到自己期望得到的东西。如果你期望获得成功,就能找到实现它的办法。如果你期待失败,你的行事方式就只能保证你最后一无所获。猜猜乐观主义者会期望什么样的结果?

"我会成功"这种信念不仅能带来积极的结果,还能形成坚持不懈的意愿的基础——对任何销售人员而言坚持不懈都是绝对必要的品质。

信念 3:人们会给予我帮助

相信在你追求目标的过程中会得到别人的帮助可以为你提供强大的推动力。它会提醒你,在这世间,你并非孤立无助。它让你有信心去寻求帮助,并在别人出手相助时欣然接受。如果你相

第2章
乐观：积极的心态

信他人是乐于助人的，你在追寻成功的过程中也能变得更加足智多谋。

正如我将在第5章中阐述的那样，智谋至关重要。你会发现，一旦你相信自己的聪颖并开始寻求帮助，就能找到愿意帮助你的人。

信念4：事情虽会出错，但终会柳暗花明

温斯顿·丘吉尔曾经说："成功就是一次次遭遇失败却依旧热情不减的能力。"你相信自己也许无法得到期望中的结果，但只要继续朝着目标努力，就终会得到自己想要的结果。这就是毅力的源泉。这种信念也是你在遭遇一连串的失败之后依旧能够恢复如初的基础。

乐观的人能够欣然接受失败并利用失败改善自己的结果。作为一个乐观主义者，你会以三种方式回应失败。

◎ **接受失败**。不要责怪经济形势、销售经理、销售区域或是竞争对手。相反，接受自己，只有你自己才对你的结果负责。

◎ **拥抱失败**。你的行动将你置于如今的境地，你要接受这一现实。一旦接受了你应该为结果担起的责任，你就能生出力量，改变结果。如果过去的行为应受责备，那么未来的行动就产生不同的结果。担起责任能为你带来力量。

◎ **汲取经验**。失败可以留下深刻的教训，告诉你需要做出改变。仔细分析情况。显然，过去的行为已不可取。就你应该做的事情而言，它能告诉你些什么？答案就在你的眼前。

乐观主义者不认为失败的行为会使他们成为失败者。失败不过是一次事件，它无法界定你或是你的未来。失败为你提供了针对结果的反馈并且创造了改进的机会。

发展乐观态度的五种方式

现在让我们来努力建立乐观、积极、正面的心态。

1. 写感恩日记

如果你生性悲观，那么在读到"感恩日记"这几个字时，你就会开始呻吟。但如果你是一个乐观主义者，你就会想："我就知道！"

感恩是你可以做的最有力的选择之一，这是因为感恩与乐观往往同时出现，你不可能既感恩又悲观。首先列出生活中的所有美好的事物——让你觉得快乐的事。

我建议你开始时写下令你觉得感激的三样东西。

看吧，一开始，你很容易就想到了你爱的人与爱你的人。你可以记下来，随时提醒自己。也就是说，值得感激的事情有很多，只不过你一直觉得它们是理所当然的罢了，比如说健康、你的大学导师、让你接受了生活的教训从而改变生活方向的错误，

第 2 章
乐观：积极的心态

能够生活在一个拥有如此难以置信的机会的时代，或是使我们能够享受现有生活的技术这类简单的东西。

在练习感恩的过程中，你对小事件的感恩能力将会得到增强。

写完感恩列表之后，每天早上花一两分钟时间在上面增添新的内容。把列表挂在浴室镜子的前面，时刻提醒自己必须感谢些什么。

你可以登录 www.theonlysalesguide.com 下载免费的感恩日记以及可以帮助你着手操作的提示列表。

2. 记录你所创造的价值

记录下你为他人所创造的价值，借此提醒自己，你有能力改变世界。人人都有成功的记录，用你的记录来强化你的乐观心态。这张表不仅在准备拨打销售电话的时候有用，而且能在业绩评估、薪水谈判以及工作面试中派上用场。可以用下面列出的关键步骤来跟踪你所创建的价值。

◎ 以定性和定量的方式列出你的所有成就，包括你为客户和自己公司所提供的具体结果。没有哪一项成就是微不足道的。

◎ 将你为营销活动所创造的价值也列进表中。你的培训与发展为客户提供了怎样的帮助？你的知识与经验如何帮助客户处理特别困难的挑战？你的洞察力又以何种方式助了客户一臂

直效销售

之力？

过去你曾获得过成功，未来也定会如此。就像是你帮助客户解决了一个他们认为无法解决的问题，或是你成功约见了一位难以企及的高层执行长官——他从不接销售人员的电话——从而打开了最终赢得理想客户的机会。提醒自己你是谁，你所创造的价值可以增强你的乐观态度。

3. 摒弃有害观点

在培养更为乐观的心态之前，你可能需要摆脱一些旧观点。

多数人心中多少都会存有一些有害观点。也许你认为努力过后依旧无法有所作为，过去的失败暗示了你在未来的表现，或是外部力量会不可避免阻碍你获得成功。有时，这些根深蒂固的想法会在潜意识中起作用，也许你甚至根本不知道他们的存在。

消除有害观点的第一步就是将它们大声说出口。选择一个你现在尚未采取足够行动的领域。写下会阻碍你开展行动的观点，描述它将造成的结果。然后建立起更加乐观并且能够赋予你力量的新观点，从而取代所有会产生消极结果的想法。将它们写下来。

很有必要在介绍成功销售的书中探讨这样一种有害观点。很多人认为，无约电话已经无法奏效，在这上面耗费精力不会带来任何新的机会，因为他们都看过技术销售的公司所做的广告与推

第 2 章
乐观：积极的心态

销。这些技术以"无约电话名存实亡"为中心理念，它们的初衷就是取代电话销售。这些人对电话销售抱有错误观点。

这种观点并不正确，它会阻止你创造出你所需要的机会。稍后你就会发现，一种更为正确的观点是："所有用以寻找潜在客户的方法都具有价值，接触潜在客户的途径越多越好。"这种观点能够反映事实真相，能为你提供更多的选择，也将带来更大的成功。

这种新观点应该能够鼓励你采取新的行动。记下你可能采取的行动，然后加以实施！

注意了，你必须采取行动。拒绝采取行动也好，丝毫没有行动意识也罢，两者带来的最终结果没有差别。用知识来改变行为。

如果你发现找到并且摒弃错误观点很难，那就问一问你信任的人，例如你的家人、朋友、同事或是导师，请他们谈一谈对于这些观点的看法以及你因此做出的行动（或是未能采取的行动）。

4. 远离愤世嫉俗者、吹毛求疵者、懒懒散散者与疲惫不堪者

小时候，父母可能会关心你的玩伴都是些什么人。他们希望你能交到"正确"的朋友。十来岁的时候，我会在晚上去酒吧玩

直效销售

摇滚,我交的一些朋友曾让我的妈妈操碎了心!

父母有充分的理由担心你与谁在一起。同伴可以增强你的某种特定心理、特定观点与特定行为。现在该轮到你来关心你的父母当时所关心的内容了,因为与你在一起的人可以提升或是降低你的档次。

想一想你在8小时内外与谁待在一起的时间最长。然后问问自己,他们是否对你心中积极或是消极的一面起到了强化作用。

◎ **正强化者**。有些人会支持你的观点,认为你有能力实现更多,你可以做得更好。他们增强了你积极的个人心理,赐予你力量并为你提供支持。这些人是正强化者。他们激励你,向你发出挑战,使你能够扩大视野,做得更好。

◎ **负强化者**。这些人会加深你的恐惧,也许还会带来新的恐惧。他们有一种稀缺心态,认为自己永远都不够,因为别人拥有更多。负强化者总爱唱反调,并且喜欢愤世嫉俗。他们会偷走你的梦想,拉低你的标准,而且他们永远也看不到黑暗中的曙光。

尽量与正强化者待在一起,像躲避瘟疫那般避开负强化者。你必须为自己的个人心理,为你的心态负责,你必须保护它们。你也许意识不到这些消极影响将对你的个人心理造成的破坏,因为它们往往只在潜意识层面发挥作用。但是我向你保证,它们无处不在。

消极性是唯一一种可以通过接触传播的癌症。你接触的负面

第 2 章
乐观：积极的心态

人士越多，感染的风险就越大。为了保持积极的态度，你必须能够发现并且避开那些愤世嫉俗、吹毛求疵、懒懒散散、疲惫不堪的人。你很容易就能认出他们：

◎ 愤世嫉俗者不相信任何东西。他们不相信自己的公司十分特别，也不相信公司能够创造出价值。

◎ 吹毛求疵者认为公司的所有员工以及所有客户都是错误的。他们不是努力把事情做得更好，而是炮轰所有做出此类尝试的人。他们会扼杀你的积极性。

◎ 懒懒散散者觉得自己工作过度、报酬过低。他们为人低调，尽可能少做事，试图偷偷溜走。他们在耗费你的时间和资源。

◎ 筋疲力尽者已经累坏了。不论他们曾经有过何种激情，都早已消失殆尽。他们自己只是在消磨时间，而且也不希望你工作太过辛苦，因为这会让他们看起来很糟糕。

如果你拥着狗入睡，醒来时身上就会爬满跳蚤。消极的人很容易影响你的心态，抹杀你的积极性。尽可能远离他们。

5. 斋戒消极信息

我们都知道"输入垃圾"会导致"输出垃圾"。尽管如此，我们却仍旧被恐惧、消极与稀缺所困扰。新闻节目长期带有一股负面情绪，互联网上的信息多半都是耸人听闻的消息与八卦，生活中充斥着一些会让我们沉溺于负面信息的机会，而且这些诱惑很难抵制。

你可以通过斋戒消极信息来改善自己的态度，变得更加乐观。在接下来的三十天里，不要看、不要听且不要读新闻。避开耸人听闻的负面媒体。略过报道真人秀明星及其家人不当行为的八卦，这些新闻没有任何积极信息。尽可能避开所有具有消极情绪的人。拒绝说出任何消极话语或是参与任何具有消极倾向的对话。头脑中只保留积极的想法。一旦某个消极想法闯进了你的脑海，就立即用一个积极的想法换掉它。

作为斋戒消极信息的组成部分，你需要制订计划对付生活在你周围的人，他们中的许多人都很关心、爱护你。当有同事堵住你的去路，第一百次向你抱怨新的薪酬计划时，你应该早已准备好如何应对。例如，你可能会说："听着，我很乐意与你讨论这个问题，但是让我们停止抱怨。我们应该将重点放在应该采取什么行动来纠正这种情况上。"你会惊讶地发现，通过尽量避免消极信息，你的态度可以得到极大的改善，你可以变得极其乐观。

从思想到行动

销售与行动有关，而行动源于思想。乐观的想法能带来乐观的行动，悲观的想法会导致自我拆台或是毫无行动。你的脑袋中

第 2 章
乐观：积极的心态

会冒出各种想法，你不应成为所有想法的受害者。你可以选择自己的想法，换掉那些于你无用的想法。选择乐观地看待你自己、你的事业以及你获得成功的能力。乐观——集合了希望、信念和信心——将赐予你力量。乐观的心态将确保你能够获胜。

第一步——现在就开始！

这项任务并不容易完成，但是却必不可少。你必须意识到自己的心中住着一位内在苛评者，这个负面的声音一直在以消极的方式与你对话（你总在重复他的负面消息）。这位内在苛评者有时会说"糟透了"或是"我讨厌这个"。他还会提醒你"你不擅长这个"或是"你做不到，别让自己出糗了"。

听到这些想法后就将它们记录下来，然后写下内在导师对它们的回应。你的内在导师也许会说"你行的"或是"你最棒"而不是告诉你，有些事"糟透了"或是你讨厌它。试一试"远没有人们说的那么糟糕"或是"这样才能区分专业人士与冒牌货"。开始选择能赐予你力量的想法和话语。你会发现，它们会带来能赋予你力量的信念。

第 3 章
关怀：帮助他人的愿望

在所有条件相同的情况下，人们倾向于和那些他们熟悉、喜爱和信任的人做生意，或是推荐生意机会给这样的人。

——鲍勃·博格（Bob Burg），

《给予的力量》（The Go-Giver）一书作者

过去的几十年间，销售变得日益艰难。你的客户与理想客户所面临的压力增大，他们需要以更少的资源产生更好的结果，而对财务业绩的需求优先于一切。因此，你的客户和理想客户期望能从你这里获取更多的帮助。他们需要你具有商业头脑，能够帮助他们做出积极的改变并创造更好的结果。应对严峻的销售情况所必需的技能将在未来变得更加重要。

但有些事情永远不会改变。不论经济、技术与社会发生了何种变化，某些普遍真理依然存在，其中之一就是客户仍然会与他们熟悉、喜爱与信任的人合作。他们倾向于喜欢、信任那些关心

第3章
关怀：帮助他人的愿望

他们的人，那些真正关心他们的人。

假设两位销售人员正试图对同一家公司进行推销。第一个人提出的解决方案更好——但是潜在客户不太了解这位销售员，因为他并未经常走访这家公司，即便他已经发送了大量电邮和其他材料。在仅有的几次拜访中，他也几次提及自己应该收取的佣金。虽然只是只字片语——事实上可以说是一语带过——但是不可否认他的确说过。由于潜在客户与这位销售员不熟，他不清楚能否相信他。

与此同时，第二位销售人员提出的解决方案不如前面那一位，但是这家伙长时间泡在潜在客户的公司里。他会提出问题，偶尔也会阐述自己的想法。潜在客户认识他，他与他的团队信任他。他愿意谈论他们将要一起面对的挑战，以便能够得到更好的结果。而且他风度翩翩，客户很喜欢他，十分乐意将他视作团队的一员。

当客户决定与第二位销售人员合作时，我们不应感到惊讶。

在所有条件均相同的情况下，客户关系就是制胜法宝。即便并非所有条件全都相同，客户关系依旧所向披靡。这就是为何销售有赖于你所搭建的人脉关系。反过来，建立这些关系的基础就是关心客户，与其产生共鸣并且帮助他们，真正帮助他们。

在竞争对手提出了本该敲定合作的方案之后，是否曾有潜在客户要求你再次提交你的解决方案？你的理想客户是否曾向你透露竞争对手的报价与解决方案,以便你可以修改自己的提案?一旦发生这种情况——而且经常发生——就是因为他们认识你、喜欢你、信任你。你的客户觉得你很关心他们。

关怀是搭建关系的关键

销售事业成功的基础是拥有一群认为你关心他们的客户——他们相信,你的首要任务不是自己的收益而是他们的。他们知道,你不仅能为他们创造积极的结果,而且会陪伴他们实现这些结果。

我的朋友查理·格林(Charlie Green)是《被信任的顾问》(The Trusted Advisor)一书的合作者,也是销售领域中信任研究的最高权威。他发明的一个公式可以说明良好客户关系的价值:

信任 =(可信度 × 可靠性 × 亲密度)/ 自我导向

方程右边的第二部分是"除以自我导向"。这就意味着,你越是关注自身,关注你的底线,潜在客户眼中你的可信度、可靠性与亲密度就会越低——换句话说,他们就越不信任你。

即便你在阐述产品服务或解决方案时表现得极其值得信任,也没有用。就算鲍尔市场研究公司说你所在的公司是行业内最为

第 3 章
关怀：帮助他人的愿望

可靠的公司，也无济于事。如果你将首要兴趣放在了自己身上，客户对你的喜爱程度与信任程度就会降低，你与客户和潜在客户之间的关系就会削弱。

自我导向的对立面是关怀客户，是真正渴望去了解他人，为他们创造积极的结果，并且投入精力去实现这些成果；是希望客户能获得你所销售的所有价值与利益的深切愿望。当你在关心别人时，就会努力去了解他们，寻找他们的兴趣，用他们的成功来充实自己。当你真正关心客户时，就会为他们竭尽全力。

但是你不能简单地只在嘴上说你很关心他们，你必须将你的关心付诸于行动。反复采取有利于客户的行动，由此加以证明：你可以汇集为客户创造价值所需的资源，可以在提出销售之前向他们展示值得掏钱的解决方案，也可以为他们提供有价值的想法。最重要的是，你需要证明，你会通过销售之后的行动来关心他们——当你精心协调并确保向客户提供了价值后，如果出了错，会担起责任，立即着手解决所有问题。

你不能假惺惺地装出一副很关心客户的样子——或者说，你的关心至少不能转瞬即逝。也许你也曾被一些推销员哄骗，相信他们会将你的最佳利益放在心里，但是往往不需要多久，你就能发现他们的真正动机。一旦发现了真相，如果你像我一样，就可能选择与另一些人做生意。

关怀三要素

关怀是了解他人并为他们创造积极的结果的愿望。为此，你必须做到下列几点：

◎ **感同身受**。感同身受是指设身处地去感受他人的感受。一位富有同情心的销售人员会花时间去探索客户的想法和情绪，以便能够更为深入地了解他们的现状与心态。这可以奠定你与客户之间关怀满满的联系纽带的基础。

◎ **亲如私交**。除非你销售的是市面上最为便宜的产品，否则就需要为客户提供附加值。增加价值的唯一办法就是深入了解客户的需求，制订与之无缝贴合的解决方案。这就需要你通过对他人的了解以及与之相处的经验建立起亲密的个人关系。

◎ **陪在身边**。关怀客户需要你陪伴在他的身旁。拜访客户时，亲自出现在客户的营业场所就可以证明你对他们的关心。当你花时间与客户会面，以确保自己所售的产品能够发挥效用，或者仅仅只是为了能够更加深入地了解客户的业务时，就能证明你在关心他们。即便已经通过电话或网络会议完成了工作，也要证明你时刻陪伴在他们身旁。电话沟通或是在线联络时，要找到一种方式让客户参与到对话中来，从而证明你就在他们身边，时刻留意他们的动态。

陪在客户身边能够有力地证明你对客户的关怀，不在客户身

第3章
关怀：帮助他人的愿望

边同样可以有力地表明你对他们漠不关心。不在客户身边不会让两颗心靠得更近，反而会令它们渐行渐远。它在发送一条明确的讯息，即客户尚未重要到让你在他们身上耗费时间的程度。因忽视而流失的客户数量远超其他原因。

我曾遇见过一位尖酸刻薄、难以对付并且句句不离诅咒的客户。在处理与她的关系的过程中，关怀的这三项要素均发挥了各自的作用。没有人愿意与她合作，但当时我刚刚步入一个新的领域，需要与她做生意。不管她多么令人不快，我仍旧不断地回头找她。出错时她诅咒我，顺利时她"仅仅"会冲着我吼叫。但是经历了这一切之后，我依旧出现在她的身边。我一直陪着她。

有一天，当我坐在她的办公室里时，她的表情突然从愤怒转为悲伤。她说："我不知道自己还能再忍受多久。我每天在这里工作14个小时，然后晚上去医院陪我的丈夫。他患了癌症，已经动了两次手术。"

我没有办法对她的经历产生共鸣。但是她需要一个可以倾诉的人。我愿意将自己设想为处在她的位置，尝试去体会她的感受。我不知道以前有没有人真正聆听过她的话。感同身受使我们之间能够建立起一种亲密关系。

之后，我们的关系发生了转变。她仍然难以对付、尖酸刻薄，继续诅咒每位合作伙伴。她好像还吓跑了我所有的竞争对手。但是她对我比对他们好。

直效销售

感同身受、亲如密友、陪在身边——一旦你能培养并且展现出这三种品质时,客户就能知道你在关心他们。

聚焦客户关怀,销售结果自会接踵而至

十年前,雅虎的首席问题官兼领导力教练蒂姆·桑德斯(Tim Sanders)曾写过一本书《爱是杀手锏》(*Love Is the Killer App*)。他在书中指出,我们需要成为"别人爱慕的对象(lovecats)"。成为这种人就意味着为了使自己变得不可或缺,我们需要与人分享知识、人脉以及同情心。这个点子很棒:将销售视作一种关怀客户的行为。我知道这种"黏糊糊"的谈话可能会令那些习惯在商场艰难拼杀的斗士们感觉不舒服,但是,不论你是否在走硬汉的路线,关怀客户是所有销售人员都必须具备的品质。

你的意图十分重要。你的客户、潜在客户以及所有与你进行互动的人都能感觉得到你的意图。如果你富有爱心,就能赢得别人的信任并与之建立起牢固的关系。但如果你自私自利,这种信任感与客户关系就会遭到破坏。

关怀客户不仅限于为客户提供帮助,它也可以赋予你这位销售人员力量。当你关心如何为潜在客户送去更好的结果时,你就知道自己正在通过推销这些结果做着正确的事。抛开自我怀疑,

第3章
关怀：帮助他人的愿望

丢掉事后的自我批评，毫不犹豫地拿起电话：你知道自己是在帮助别人。当你足够关心客户，确保他们可以得到自己期望的结果时，就永远不必因为失去他们的业务而责怪自己。

如果知道自己在做正确的事，销售业绩便不再重要。这听起来很矛盾，但却是千真万确：你的销售效力与你对结果的关注程度成反比。越是以自我为中心——也就是说，越在意拿到佣金、提高销售业绩、争取营业额——就越不可能实现目标。相反，越是注重外部环境、以客户为中心，那么佣金增加、业绩提高、获得营业额的速度就越快。

毫无疑问，客户能够感受到你的意图。他们可以看出你是否以自我为导向，只想追求个人利益。他们也能判断出你是否真正以客户为中心，努力帮助他们创造所需的结果。我相信，你绝对遇见过没有真正将你的话听进耳朵的销售人员，你马上就能看出，坐在你对面的这个人只想推销产品。或者，与之相反，你遇到过一个专注于你的需求的销售人员，你也能立即清楚，自己应该与他合作。不论哪一种情况，你都能感觉到销售人员的意图。

如果你觉得有关意图的讨论太过软弱无力，那就问问自己，你希望打电话给你年迈的父母或祖父母的销售人员属于哪一种：是真正关心客户的销售人员还是只关心自己的人？你又属于哪一类？

这是一个简单的事实：你越是关心客户的结果，自己的业绩就会越好。关怀之心可以传染。当你在关心客户时，客户也会关心你。如果你在执行解决方案或交付成果方面遇到困难，客户绝不会抛弃你。相反，他们会帮你解决问题。

这就是为何我将关怀客户称作"销售撒手锏"的原因。就算你的公司规模不如竞争对手，或是竞争对手的解决方案拥有你所缺少的华而不实的东西，那都无关紧要。关怀客户总能创造出平等的竞争环境。

你的底线就是：理想客户会选择他们认为最关心他们并且最能专注于帮助他们取得成功的销售人员。这就是为何你需要比竞争对手更关心潜在客户与客户的原因。

五种方法教你将关怀客户变为竞争优势

好吧，我知道你是铁石心肠。但现在该放松一些，打开心扉，让自己的心变软，释放更好的自我，为他人带来改变了。以下的一些方法可以提高你关心他人的能力。

1. 学会了解他人

要做到感同身受，就必须了解客户的感受。为了能够洞悉他们的感受，要仔细留意他们的语言线索和肢体语言。你在说话时，理想客户是紧皱眉头、双臂交叉地坐在对面吗？还是说他的

第 3 章
关怀：帮助他人的愿望

脸色变得柔和，表明她接受了你的看法？倾听客户的用词，尤其是那些情感色彩浓重的词语。例如，他是说自己"生气"还是"恼火"？她使用的是一个带有感情色彩词，如"盛怒"还是更为中性的"失望"？这些词语暗示出客户的何种感受？

只有经过练习你才能解密这些线索，但是在这类理解练习上投入时间绝对物有所值。如果你想了解更多关于如何读懂肢体语言的信息，可以选择乔·纳瓦罗所著的《FBI教你破解身体语言》（*What Every Body Is Saying: An Ex-FBI Agent's Guide to Speed-Reading People*）。

清楚客户的感受之后，你就能更好地进行恰当回应，从而以一种能够表达关怀的方式与他们进行沟通与联系。

2. 设身处地，换位思考

不要仅仅只是猜测客户的感受，设身处地地去体会他的感受。你会生气吗？你会因为出现一个新的机会感到兴奋吗？你需要些什么？你又会怎么做？

只有真正的同理心才能做到换位思考，而你需要经过多年的磨炼才能养成这种能力——绝对没有听起来那么容易。感同身受需要练习，但是绝对值你去下功夫。

同理心可以连接你与客户并能奠定相互信任的基础，它使你站在了客户这一边。

3. 听取并接受客户的解释

关怀客户不仅需要你去倾听他们的想法，而且需要你接受他们对事件、事实或是想法的解释对他们而言是正确的。侧耳倾听但不对任何事实或客户话语的意义做出评判，接受他们的解释，认为这些解释有效且具有价值。

在销售领域，我们会花很多时间去改变人们的想法。我们试图将他们拉出停滞的状态，投入积极的行动，将与竞争对手合作转变为与我们合作。销售人员往往一马当先，在尚未理解、尊重客户观点与意见的情况下就试图去改变他们的心态。

当你真正关心他们时，就会在你们之间建立起纽带，站在客户的角度开展工作。例如，将自己假设成客户。你希望别人在没有事先花时间了解你的观点以及你为何相信这些观点之前就试图改变你的想法吗？你希望别人完全不理会你对于真实的重要事件的解释吗？或者说你愿意与一个打算"先拿下他"然后才提出解决方案的人合作吗？

4. 将关怀转化为行动

关怀不仅仅是一项脑力训练，而且是一种行动。可以将关怀付诸行动的方式数不胜数。你可以定期拜访客户的工厂；提出能够创造更大成果的新想法；将客户介绍给其他可以使用其服务的

第3章
关怀：帮助他人的愿望

人；融合双方的团队，以便开发出更为有效的合作方式。这些只是其中的一小部分——极小的一部分。

你需要列在此处的是你现在必须与客户及理想客户共同完成的事情。最开始时，请考虑采取下列步骤：致电几个月未曾联系的客户，你知道他们现在没有求购需求，只是为了亲自与他们聊一聊；仅仅出于感激就给客户寄去感谢卡；打电话给客户，向他展示另一位客户的家庭成员的简历，这个人正在找工作，而且一定能成为他们团队中的优秀一员。

5. 记住小事

你是否在收到订单后寄出了感谢卡？从定下目标到签订合同，你是否向所有帮助过你的人表达了谢意？还是说一旦继续前行，你就已经将那些下过订单的客户抛到了脑后？

订单交付之后，你打电话跟进了吗？你确保客户实现预期结果了吗？如果有位客户在使用你所销售的产品时遇到了麻烦，你能够发现并且做出处理吗？还是说你只是指望有人能够跳出来处理所有问题？

说一声谢谢、跟进项目也许并不是什么大事，但是却能证明你很关心客户这一方面，小事件也会产生大力量。

请登录 www.theonlysalesguide.com 下载工作表，帮助你将关怀转变为行动。

关怀客户没有成本

销售和关怀客户之间并不冲突。事实上，恰恰相反。你越是关心客户，作为销售人员，你的销售效率就越高。

关怀的力量在公司内外都无与伦比。它是信任的基础，能够产生积极的结果。深深关心客户的人——建立与客户之间联系纽带的人——将脱颖而出，而你也将成为值得信赖的重要合作伙伴，广受欢迎。

第一步——现在就开始！

你已经有了客户与潜在客户。如果你像多数人一样，就一定未曾积极主动地维护这些客户关系。请列出你的三位客户或是潜在客户，打电话给他们，关心一下他们在个人与事业上的进展。不要游说他们，不要索取。你之所以拿起电话，仅仅只是因为你关心他们。

第 4 章
好胜心:想要夺魁的强烈欲望

集中精力成为潜在客户与现有客户的宝贵资源。这是你唯一的可持续竞争优势。

——吉尔·康奈斯(Jill Konrath),
《敏捷销售》(Agile Selling)一书作者

销售人员都具有好胜心,而且往往好胜心很强。我们想让自己的理想客户在合同上签下他们的大名。我们也想永远抢在其他销售人员之前,先发制人。一旦了解到你的理想客户已经约见了你最激烈、最危险的竞争对手时,你难道不会加倍努力吗?当你做完商务演示后发现,竞争对手正候在大堂,你难道不会起一身鸡皮疙瘩吗?

好胜心是成功销售的关键。这种获胜的动因可以非常积极,激励专业销售人员以更丰富、更好的方式为客户提供服务,从而创造出更多的价值。

直效销售

竞争图谱：找到强项

不幸的是，我们已经知道，一旦竞争被推至极端会发生些什么。当自行车运动员兰斯·阿姆斯特朗最终承认自己在自行车比赛中作弊时，我们已经见证了他高调地颜面扫地。或是被炒鱿鱼的印第安纳大学篮球教练鲍勃·奈特，他已经将过度竞争的行为演变为了虐待。

具有误导性的放纵的好胜心于你的销售生涯无益。它会引发不道德、不合法的行为，例如行贿、回扣、价格操纵。如果我们让客户沦为自己好胜心的目标，就会毒害我们构建协作型商务关系的能力。这就是超强竞争或是竞争失控。

竞争图谱的另一端是所谓的弱竞争，即试图通过贬低其他销售人员或是其产品，或是虚假地宣传你所销售的东西。那些竞争意识不强的人并不会试图提高自己。相反，他们会试图通过诋毁他人或是欺骗潜在客户来"赢得"合同。弱竞争与超强竞争一样糟糕。

贬低竞争对手也许能帮助你赢得一次两次的胜利，但这不是有效的长期策略，因为你的重点一直落在其他销售人员身上，而从未关注过自身。采用弱竞争策略时，你自身的竞争力其实已经变弱，因为蓄意贬低竞争对手、愚弄客户的时候，你无法集中精

第4章
好胜心：想要夺魁的强烈欲望

力去做成为真正的竞争者所必需的工作。

我认为真正的竞争者应该是"强有力的竞争者"，是努力争取成为客户最佳选择的人。他最重要的竞争对手是他自己。他将重心放在了提高自己身上——其他销售人员会做什么都是次要的。

你不应该诋毁竞争对手或是蒙蔽顾客的双眼，而要专注于改善自身，增加你为客户创造的价值。这样一来，你就能接近位于竞争图谱中心的那个权力之位。作为一个强有力的竞争者，你会通过为客户创造高水平的价值而赢得胜利。强有力的竞争者拥有更加发达的荣誉感、体育道德以及公平竞争的精神。他愿意努力拼搏，通过完成一切必要之事来赢得比赛的胜利——他很清楚哪些事情对于改善自我、提供真正的价值来说是必要的。所有销售人员都应以到达竞争图谱中的这个最佳位置为目标。

销售是一场零和博弈

近年来，总有人告诉销售人员，我们应该具备更多的协作与合作精神。我们被告知，销售不是一场零和博弈，不一定要分出胜负。人们说我们还有很多工作要做。

然而，销售几乎总是一场零和博弈：一位销售人员赢得了客户的业务，其他所有销售人员就输了这场比赛。要想赢得潜在客户的业务，就得让所有竞争对手在竞争中败下阵来。你必须比昨天的自己更加优秀，也必须胜过今天所有的竞争对手。

销售是一场拥有固定边界的游戏。多数市场的游戏空间也很有限。一旦市场成熟，客户数量固定或是市场停滞或萎缩，你往往就需要从竞争对手那里抢走客户才能赢得游戏的胜利。也许你不喜欢这样做，但是请你记住，你的竞争对手总在试图做同样的事情。你们在玩的是同样的游戏。当你在给他们的现有客户打电话时，他们也正在寻找你盔甲上的裂缝，寻找能诱走你的客户的机会。这就是销售的本质。

为了在这种情况下获得胜利，你就必须具有好胜心。你必须处于绝对的巅峰状态，为潜在客户提供可能实现的最高价值。你的竞争对手都是聪明、积极、优秀的销售人员，都有能力创造价值。你必须尊重他们的实力，否则就可能会产生虚假的安全感，以为不论自己多么不花心思在客户身上，他们都会忠实于你。

人们看中你好胜的天性

你已经知道公司重视你的好胜心了——毕竟，任职的要求就摆在那里。你的公司忙着努力俘获新客户的心、扩大收入、增加利润、扩大市场份额。它需要具有竞争意识的人来实现这些目标——像你这样的人。

你也许没有意识到，客户是多么重视你的好胜心。许多客户

第4章
好胜心：想要夺魁的强烈欲望

自己就在参与零和博弈，他们希望与那些能够帮助他们更有效地参与竞争的好胜的销售人员合作。你的客户并不是在寻找商贩。他们想要找的是一个能够冲进战场、让胜利的天平向他们倾斜的伙伴。他们想要一个胜者。

社会同样重视你的好胜心。你在争取业务时，也为客户创造了更大的价值，并帮助他们创造了更好的结果。创造价值的竞争会带来新的观念、新的解决方案以及积极的成果。良性竞争可以驱动创新、进步与成长螺旋上升。

好胜心的要素

拳击手需要艰难地打满十二回合，他们用尽一切展开战斗，全心投入比赛。他们的动力源泉是想要夺魁的强烈欲望。他们竭尽全力向对方挥出拳头——然后彼此拥抱。他们尊重对手的内心与灵魂。因为清楚比赛的危险性及其对于他们的意志力与能力的考验，他们会认真准备比赛，以此向对手表达敬意。这是强有力的竞争者的心态。拥抱这种心态，培养你自己的竞争精神。

要想有效地参与竞争，就必须将下列品性融合到一起。

◎ **渴望**。如果不是真正想要获胜，你就无法赢得胜利。渴望能将你带入赛场。渴望加上乐观可以营造出强烈的必胜信念。强有力的竞争者极度渴望获胜，希望能够"品尝"胜利的滋味。

◎ **决心**。从长远来看，长久的成功是努力工作的结果。面对看似无法逾越的障碍时，你需要依靠决心（毅力）才能坚持下去。你需要决心才能赢得战争的胜利，即便现在节节败退。如果说是渴望引领你站上赛场，那么决心让你在比赛进入艰难阶段后仍然能够咬牙坚持。

◎ **行动**。仅仅只有一颗想赢的心远远不够。胜利需要你付出行动。竞争者会采取行动使自己立于不败之地。

点燃竞争之火的三种方法

下面的办法会教你如何将渴望、决心与行动结合到一起，形成强烈的好胜心。

1. 你的比赛你做主

如果按照竞争对手的游戏规则开始比赛，试图与他们的最强项一较高下，销售人员的实力就会遭到削弱。没错，弄清竞争对手的制胜策略及其强项十分重要。但是了解自己的长处、自己怎样做才最有可能获胜也同样重要。

例如，如果对手的商业模式的基础是提供最低的价格，你就不可能凭借价格战取胜。要想取胜，你就必须将潜在客户的决策标准转成你的优势项目——例如，卓越的产品以及更好的结果。

第4章
好胜心：想要夺魁的强烈欲望

这两项是你报价更高的理由。这是你的比赛，也许这场比赛会打得更加艰难，但是你可以增加自己的胜算。

有时，对手的优势在于其大小与规模。例如，一家国际大公司可以满足处在不同地域的客户的需求。假如贵公司是一家规模较小的"精品（boutique）"公司，就无法在大小与规模上与之相抗衡，因此不要做出这类尝试。然而，如果贵公司碰巧在地理位置上更接近潜在客户，那么你在当地的业务机构就能为你带来竞争优势。强调你可以在客户的所在地域为其带来更大的影响。灵活小巧一样可以成为优势，因为你的公司可以根据客户的需求为其定制产品、服务、记录过程以及其他交互信息，使客户可以更好地进行控制。贵公司扁平化的管理结构——没有阻碍提案获批的层层官僚机构——在出现紧急需求时也能快速联系到管理层，更快做出决定。如果庞大的机构与规模并非你的长项，那就成为斗志昂扬的敏捷竞争者，你有能力挥拳击中超过自己三个重量级的对手。

按照你自己而非对手的游戏规则来比赛，从而获取胜利。怎么做呢？

◎ **确定公司的整体经营战略。**是以最低的价格、最好的产品还是最佳的整体解决方案取胜？如果你在理解这些经营策略时需要帮助，我建议你阅读由迈克尔·崔西（Michael Treacy）和弗雷德·维尔斯玛（Fred Wiersema）所撰写的《市场领导者修炼手册》（*The Discipline of Market Leaders: Choose Your Customers,*

Narrow Your Focus, Dominate Your Market）。

◎ **了解竞争对手。**他们采用了何种商业模式？他们的游戏规则如何？企业规模会是他们的主导制胜策略吗？价格或是距离呢？还有其他方面吗？

◎ **坚持自己的长项，不与对手拼他们的优势项目。**如果你的对手以价格取胜，你如何才能转换客户的决策标准，使他们选择由贵公司的卓越产品所带来的结果？如果对手拥有更强大的产品，如何将客户的标准转向由最佳整体解决方案带来的更好结果？

你可以将竞争转向你擅长而对手较弱的领域，利用策略展开竞争。

获取有关帮助，可以登录 www.theonlysalesguide.com 下载免费的工作表。

2. 研究自己的成败

一旦你成为了一个强大的竞争者，就必须对自己的损失承担起全部责任。不要抱怨竞争不公平或是客户不懂其他公司在销售些什么，你必须对自己的结果负责。这样一来，你就能说服自己，你可以做出改进，赢得下一场比赛的胜利。

在足球赛季，每支球队每周都会进行一场比赛。每场比赛一结束——不论输赢——球员就会立即观看比赛录像进行学习。虽然你没有录像可供分析，但是却有记忆以及所有的销售互动记录

第4章
好胜心：想要夺魁的强烈欲望

可用。当对手赢得销售比赛的胜利时，问一问你自己：

◎ 我可以做些什么，在销售过程的初期提高我的胜算？

◎ 如果可以从头再来，我会如何修改我的销售流程、销售方法、解决方案、游说的方式？

◎ 竞争对手做了哪些我没有做的事，使他赢得了竞争优势？我可以从他的方法中学到什么？

尽管承认失败很痛苦，但是却极其有效，因为它可以帮助你做出改进。这就是为何强大的竞争者总是在问自己这些问题。

你也应该总结胜利的经验，问自己一些不同的问题：

◎ 哪项策略帮助我赢得了潜在客户的业务？如何将同样的策略应用到将来的交易之中？

◎ 我在销售过程中做了什么才使我赢得了胜利？应该使其成为我销售过程的固定组成部分吗？还是说只能在某些特定情况下使用？

◎ 是什么让我的潜在客户很快便点头答应？指导这项决定的竞争性差异是什么？

◎ 与上一次的失败相比，这一次的销售过程有何不同？如何重复我所学到的东西？

如果你知道自己为何会失败，就能努力避免重蹈覆辙。如果你清楚自己缘何会获胜，就能得到可以在未来的交易中应用的一套方案。

3. 全力以赴

成为一位强烈渴望获胜的强大竞争者意味着每一次都全力以赴。你永远都不会在哪次比赛结束时说："只要我做了某件事,我早就赢了。"

下面的三项武器有时会被人忽视,但是它们可以帮助你打一场胜仗。

◎ **拓展思路,列出一切可用的武器**。有时,胜利需要你证明自己以及自己的公司正致力于实现某种结果。为了展示你们投入的程度,在因业务拜访客户时带上管理团队的一位成员——不过不是随便拉上一个人就行。请最优秀的那个人(也许是你的销售经理或是高级管理层中的一员)同行并且一同展示提案。全力以赴。

◎ **愿意反复修改提案**。有时,成功与失败之间的差异就在于能否修改提案。尽量重做提案,并且要求重新演示的机会。利用这一点。

◎ **召集可以为你提供证明的人**。有时你需要展示成功的业绩记录来赢得新业务。可以考虑邀请现有客户致电潜在客户,为你做证。如果能够邀请双方共进午餐,并请现有客户分享为何聘请了你是一个伟大的决定的话,就再好不过了。行动起来。

识别可用的武器,找到它们的最佳使用方式,从而赢得胜利。你拥有这些武器,不要害怕使用它们!

第 4 章
好胜心：想要夺魁的强烈欲望

自始至终，永远都是强大的竞争者

尊重你的对手，并且相信他们绝对不会比你逊色。培养你的好胜心，将渴望、决心与行动结合到一起。了解对手的长处，同时尽可能地发挥自己的优势。研究自己的成败，为未来的比赛提供指导。全力以赴。遵循这些原则，你就能成为一个强大的竞争者与一股必须被认真对待的强大力量。

好胜心不仅是想要获胜这般简单。人人都想取得胜利。想要获胜与希望获胜极其相似。它并不以行动为基础。想赢并不意味着你会竭尽全力去取得胜利。好胜心近似于非赢不可。即便是最具竞争力的销售人员也做不到笔笔交易全都不落他人口袋。但是他会拼命努力——不断尝试。

第一步——现在就开始！

看一看你现有的机会渠道。找出你正在努力获取但却在销售战中过于消极被动的那些潜在交易。列出一两件为赢得这笔业务不得不做的事情。要展现出你可以比别人创造出更多价值的渴望与承诺，由此赢得他们的业务。

第 5 章
智谋：要么觅得道路，要么另辟蹊径

如果你变得更加擅长于让灵感找到你，就不用再继续找寻它了。

——"鬼点子"唐·斯奈德（Don "the Idea Guy" Snyder），《创造力 100 问》（*100-WHATS of CREATIVITY*）一书作者

我曾经见过这样一幅图片，一辆汽车的前轮锁在了旨在防止车辆滑动的车轮锁上，直至司机支付了罚款。图片中只有右前轮和车轮锁——车子已经不见了。

我知道没有办法从轮子上拆下锁住的车轮锁，也没有办法从车身上卸下车轮，因为车轮锁同样锁住了轮爪螺母。至少，我以为我是知道的。然而不知怎地，有人想办法从车上拆下了锁了车轮锁的轮胎。这是有关机智的一个惊人实例。你和我眼中见到的是一个只能通过支付罚款才能解决的问题，而那人只见到了一个暂时的挫折，以新的方式进行思考就可以克服它。

第 5 章
智谋：要么觅得道路，要么另辟蹊径

智谋能使销售获得成功

无疑，在通往成功销售的路上会面临无数障碍。但智谋可以帮助你找到从上面、下面、旁边绕过或是穿过所有障碍的途径。同时，你的客户有自己的挑战，希望你能帮助他们找到回避障碍的方式。这就使得成功销售成为需要运用智谋解决问题的训练。

使用智谋意味着运用你的想象力、经验和知识来解决一道难题。在销售过程的所有阶段，智谋都必不可少。最初，你甚至必须依靠智谋才能成功约见理想客户。你在这些公司中的联系人会接到数十名销售人员的电话，因此，你需要能够在竞争对手中脱颖而出，能够证明你有可以创造价值的点子。你越是足智多谋，能够想出可以为潜在客户创造价值的新点子、新办法，就越能争取到面谈的机会。

我认识的一个家伙在一只鞋子里塞了一张写着"我只想迈进公司"的字条，送给潜在客户之后就赢得了一笔大订单。我还见过其他销售人员送给潜在客户遥控汽车或遥控飞机——但是没有附上遥控器。为了拿到遥控器，潜在客户不得不同意与他们见面。当然，这些人耍了花招，但是他们引起了客户的关注，因为他们与众不同，能够想出这些点子的销售员是足智多谋的。

一旦与客户取得联系并且开始进行探索，你可能就会意识到，实现潜在客户的需求并不容易。我们都知道：如果这些问题很容易解决，早就被别的供应商搞定了。你必须拿出更加优秀的解决方案，这就意味着你必须足智多谋。

你的智谋也许可以赢得一位重要的潜在客户，但是即便你已经制订了一种解决方案，也可能碰上另一个障碍：你的销售对象并非个人或是一个部门。越来越多的公司需要在几个部门共同权衡、协商一致后才能做出决策。一些人可能喜欢你的解决方案，但另一些人也许不是。你可能需要拿出每个人都可以接受的新的解决方案，以便他们可以达成共识。

智谋是留住客户的关键

即使已经签订了销售合同，客户已经在使用你的产品或服务，你仍旧必须继续保持足智多谋的状态——经年累月不变。你的客户会不断面临新的挑战、机遇与条件，需要他们拿出新的结果。最初你之所以能够拿下这笔订单，也许就是因为他们当时的供应商无法解决问题，而客户对他们心生不满最终决定更换合作伙伴。这种不满的情绪很容易再度出现，因此，如果想要留住客户，就必须时刻保持警惕与足智多谋。

曾有一位客户对我们的服务极其满意，直到有一天他自己签下了一位新的大客户。这位新客户的要求极其苛刻，往往要求即

第 5 章
智谋：要么觅得道路，要么另辟蹊径

刻便得到结果。过去，我的客户在下订单前会提前72小时通知我们；但是现在，他只能给我们1小时的时间。这就意味着我必须重新设计流程来满足客户的新需求，否则就将失去这位客户。这是考验智谋的训练，而且绝非易事。

智谋必须成为你处理所有销售过程的每一部分中的一个部分。我举几个例子。

◎ **寻找潜在客户**。我见过有销售员寄给客户一份介绍自己及其团队的视频。我见过销售人员送给客户一部不带遥控器的摇控车，并且提出当面将遥控器送给客户。我见过销售人员与客户分享客户甚至尚未意识到的想法以便能有机会面谈。

◎ **商务演示**。我曾经让每位将进入客户企业工作的员工带上写有"选择我们！"的标示牌参加最终演示，以此证明他们对客户的承诺。为我工作的一名销售人员想出了这个点子，而且颇有成效。我们击败了同领域中全球最大的公司，赢得了这份合同。

要想留住客户，就必须抓住一切机会展现自己的智谋——这是创造新价值的万全之策。在季末时约见客户，提出一个新的想法或是对现有服务进行改动以获得更好的结果。每当你与客户在一起时——你应该尽可能多与他们相处——你也许就能想到做出积极改变的办法。你可以与他们交流，从而得知他们不断变化的需求，积累源源不断的智谋源泉。

直效销售

智谋是想法与解决方案

足智多谋的销售人员可以完成看似不可能实现的任务，因为较之想象力不那么丰富的同行，他们会以不同的心态来处理问题。他们以视觉化的方式呈现可以实现某件事的方式，确定备选解决方案，自然会产生新的想法。他们代表公司、客户以及自己运用自己的创造力。

我曾有一位潜在客户的员工常常偷懒。一组员工会迟到或是早退，而另一名员工会在适当的时候为所有人打卡。我的竞争公司试图用常规方法解决这一问题：试图当场抓住这群员工，招聘一名门卫监视打卡钟等。但是这些想法被证明既昂贵又无效。我的团队决定把重点放在打卡钟身上。我们找到了一家小型打卡钟制造商，他们将通常用在安全性能较高的设备上的生物人工扫描仪嵌入了打卡钟内。这种打卡钟很昂贵，但是一次支出比员工们持续不断地窃取公司时间性价比要高得多。这项机智的解决方案赢得了他们的业务。

现在，你知道智谋有多重要了吧。但是如何才能做到这一点？让我们来看看智谋的两个组成部分：

◎ **信念。**要想具备智谋，你就必须放下某些事情不可能实现这样自掘坟墓的信念。相反，拥抱一些能赋予你力量的信念，

第 5 章
智谋：要么觅得道路，要么另辟蹊径

你总能找到一种办法。足智多谋的人知道，即便我们无法一眼看到某种解决方案，但是它也许的确存在。事实上，可能的解决办法也许已经触手可及。我的一个客户制造的一款产品有助于在安装门时隔绝水和光。专利是他们的竞争优势。但是专利已经过期，因此他们需要新的东西。设计部主管错误地认为，新产品必须 100% 通过政府强制的测试，而事实上，只需一次通过测试便可获得认证。但是设计师相信有必要——并且有可能——发明这样一种可靠性惊人的产品并且最终做到了。他认为完美有可能实现并以新的角度来看待这个问题。最终，他开发出了该领域市面上最好的产品。

◎ **想象力**。作家、演说家以及教育方面的国际顾问肯·罗宾逊爵士将想象力描述为"在头脑中形成目前感官无法感知的东西的能力"。想象力可以帮助你产生新的想法，不论它是全新的还是借由其他想法拼凑而成的。新的想法可以帮助你解决问题、创造机会。

如果已经知道一切，便无法学到任何东西

不断提出新想法、新方法极具挑战。为了做到这一点，你也许需要从自己的意识当中清除过去的经验，从而将自己解放出来。最理想的方法就是练习初心，这是禅宗当中的一个概念，意

直效销售

为"初学者的心态"。当你怀着初心看待事物时,就会放弃先入之见、偏见、过去的经历以及其他会使你戴上有色眼镜看待它的心理障碍。相反,你会用全新的眼光和开放的心态去看它。通常,这就是发展新思路、寻找解决问题的新方法的关键。

李小龙(没错,就是那个李小龙)讲过一个故事。一位大学教授想要寻找一位大师帮助他研究禅宗。当教授抵达后,禅师递给他一杯茶,教授欣然接受。两人谈话期间,禅师继续将茶水倒入教授的杯中,直至茶水溢出杯子。教授说:"抱歉,杯子满了。"禅师答道:"哦,你注意到了。如果想要吸收更多的东西,就必须先清空你的杯子。"

销售老手们可能会面临类似的问题。如果你认为必须采用特定的方式做事或是太过严格地遵循过去的方式,你的经验就会对智谋产生干扰。为了避免这种情况发生,采用初心,质疑过去的答案对于未来而言是否仍是最佳答案。问问自己下列问题:

◎ 如果我是第一次面对这个问题,为了得到更好的结果,我将会尝试哪四五种方式?

◎ 其他人如何解决这个问题?我性格中的哪一部分不愿意尝试新事物,为什么我会觉得不舒服?

◎ 在我选择这种方式的过程中有什么东西改变了吗?这个选择仍然正确吗?

◎ 很难放下你的经历与信仰。权当你还不知道答案,再试

第 5 章
智谋：要么觅得道路，要么另辟蹊径

一试。突然之间，你必须探索各种可能性、创造想法。你必须相信，有可能找到答案——或许能找到几个答案。

提升智谋的五种方式

你就像是一口装满了能够创造价值的无尽想法的深井。（或者说当你读完本章时，就能实现这一状态了！）让我们一起来提升你的智谋。

1. 花时间思考

说真的。你需要花更多的时间思考，即便这将成为你所做过的最困难的工作之一。多数人都比他们自认的更加机智。尽管他们有能力生成可以创造价值的新想法，也不会经常练习这种能力。

做出承诺并且安排时间进行思考。开始的时候一周留出一小时用来思考，如果你不知道该从何处入手，就试着问自己问题。我可能会尝试什么样的新东西来解决客户现在面临的这个问题：回答这个问题可以帮助你找到多种可能性。为何我所有的理想客户现在都面临这种挑战？这个问题可以帮助你发现潜在的系统性挑战和解决方案。

因为你可能不会经常联系这一点，你可能会惊讶地发现，坐下来思考自己的客户以及如何能以新的方式帮助他们极其困难。

直效销售

入门很难,但是,一旦大脑开始运转,困难就会渐渐消散。

2. 产生想法

想出很多点子——数十个点子。不要试图发展出"完美"的想法,如果它们看起来很难或是不可能实现,你也不要担心。只要能想出办法就行。把脑子里的想法都记下来。

吸引你注意的东西最需要获得你的关注。当你开始写作时,一些思想或主题自然便会浮现。你必须相信这个过程。如果你需要一些帮助才能入门,不妨问问自己下列问题:

◎ 怎样才能帮助客户获得更好的结果?

◎ 如何才能点燃停滞的机会?还有什么没有尝试过?

◎ 客户面临的最常见的问题是什么?我能提出什么新的解决办法?

详细写出上述问题的答案。我保证,待你写满三大页企划纸的时候,就已经能发现一些值得追求的东西。

以新方式解决问题的能力并不是少数天才的专利。我们生来便具有想象力与创造力。你见过孩子们深深地沉浸在自我创造的世界与情景中自然玩耍的方式吧。是"成人"的心态阻碍了人们使用想象力、创造力和智谋。只要坐下来,思考,然后写下钻入脑海的想法,就能绕过成人的心态。

第 5 章
智谋：要么觅得道路，要么另辟蹊径

3. 探索想法、不做评判

有些人无法完全施展自己的智慧，因为他们太过挑剔。当他们听到一个新想法或是想出一个新点子时，立刻就会想到导致其失败的所有原因。他们常说："我们试过一次，但是没有效果。"它也许真的没有效果——但是也许经过多次修改后可以使用了。抑或是提高了想法的执行状况之后，就能见效了。

如果你试图一边想象和创造，一边立刻对自己的想法评头论足，大脑中的评判区便会关闭创造区。因此，当你正试图变得足智多谋时，就将所有的重点放在产生想法上吧。将对想法进行评判、排序和排名的工作留到以后。让别人去唱反调吧。你的任务是举双手赞成。

4. 找到备选方案

人们很容易相信，当你在追求某个特定结果时，就必须竭尽全力去实现。然后你就必须坚持下去，即使已经得到了期望的结果。

顽强的决心是令人钦佩，但是往往还有更好的方法。我的朋友唐·斯奈德——《创造力100问》的作者以及创造力大师喜欢说："提出更优秀的问题能够让你得到更好的答案。"

在这种情况下，更优秀的问题也许就是："除了已经奏效的方法之外，都有哪些行动选择？"

例如，假设你需要更好的机会渠道，这可能会决定你需要拨打更多的无约电话，在过去这十分有效。但是这也许还不够。因此，还有什么其他选择呢？你可能会考虑客户推荐、人脉、贸易展，甚至是可以带来线索的网络研讨会。然后还有不那么显而易见的方法，例如，送给理想客户一个已经装着你的宣传册的垃圾桶。"鬼点子"唐·斯奈德就将这个想法卖给了杰弗里·吉托默。

给自己很多的选择，然后去一一探索。你可能会发现有些方法胜过你目前的选择或是几种技术组合使用将产生最好的结果。

5. 保持积极的心态

如果你想自毁在销售行业的前程，只要说"做不到"就可以了。不仅对自己，也对客户这样说，你就能出局了。

这个简单的句子之所以是销售杀手的保证，主要有两个原因。首先，当你说"做不到"的时候，你会使自己显得无足轻重。如果你觉得有些事情做不到——推而广之，这就意味着你做不到——为什么还要费心去尝试呢？告诉你自己，无法约见理想客户，因为该客户正与一个竞争对手合作，你只是多给了自己一个不去尝试的理由。另一方面，机智的销售人员遇见相同的情况就会想："我知道一定有办法打入这家公司，可究竟是什么办法呢？我还能再尝试些什么？如何使用我的信念、研究与想象力约

第 5 章
智谋：要么觅得道路，要么另辟蹊径

见客户并成功销售？"

其次，说"做不到"就是为了逃避个人责任。如果你当真做不到，那就不能为此负责。通过"做不到"这句话——这种想法——你撇清了自己的责任（以及对于结果的责任）后去进行尝试。但是客户聘请你这位销售人员是为了找到方法，他们希望你能帮助他们。满足这些期望的唯一方法就是将"做不到"踢出你的字典，发挥你的聪明才智。

事实上，你可以找到一种办法。此外，你必须在其他机智的销售人员想出点子之前先下手为强，做到这一点。

机智是你最强大的销售武器之一。创造力赋予了你解决问题和克服挑战的能力。锻炼智力需要你以不同的方式看问题，提出不同的问题。这是创新和改进的核心，是你帮助客户与公司产生更好的结果的最佳秘籍。

足智多谋的推销员能够得到回报

缺乏机智会产生自满，导致客户不满，让竞争对手取代你的位置。机智的销售人员总会去寻找富有想象力的新方法，帮助客户改善结果，并且更有可能在这一过程中赢得并留住客户。

优秀的销售员均足智多谋。他们使用自己的智慧找到他人无法发现的方式深入潜在的客户公司。一旦进入公司，他们会与潜

在客户一同形成一种洞察力，明白可以如何为自己也为理想客户解决问题或是赢得竞争优势。

第一步——现在就开始！

机智是运用想象力和创造力解决一些问题或挑战。你现在正在努力解决的一个问题是什么（这个问题一旦解决，将使你产生一些突破性的成果）？拿好纸笔坐下来，至少列出五项可以产生你所需结果的事情。你可以想出五个点子，但如果你需要更多想法，就去寻求业外人士的帮助，他们在看待问题时不会被该领域的工作束缚住手脚。

第 6 章
主动性：预先采取主动

准备停当至关重要，但若是缺少了大规模专注的行动，世间没有任何一项准备工作能够助你成功。

——赫克托·拉马克（Hector LaMarque），
普瑞玛瑞卡公司的传奇销售领袖

你无疑是一位伟大的跨越者。当现有或潜在客户说"涨！"的时候，你会微笑着反问："涨多少？"

虽然对客户的需求做出反应是件好事，但成功销售并非仅此而已。你需要预见客户的需求而不是等待他们告诉你他们想要什么。不是等他们开口你才动，你要让客户惊讶地见到你主动采取了行动。

等待无法为你带来销售（或是任何其他事情）的成功。你不能指望理想客户主动拨打电话给你或是发送电邮请求帮助。他们的生活中已经有太多被动回应的人。你需要采取主动，定义自我，使你的产品与众不同。

身边的物理现象

牛顿第一定律说，静止的物体保持静止，而运动中的物体仍然保持运动——除非受到外力的作用。换句话说，物体倾向于保持原有的状态。通过主动性，你就能成为自己的外力，让自己运动起来。一旦踏上了通往成功的道路，你就会发现，保持这种状态十分容易。这被称作势头，是"决定性的转机"，能够改变游戏规则。

你的理想客户也可能会继续他们目前正在做的事。也许他们想要获得更好的结果，但是在你成为作用于他们身上的那股外力之前，他们仍会朝着现有的方向前进。现在就开始采取积极的行动！

销售就是行动

销售是一种行动导向型的努力，因此，等待极其令人厌恶。成功的销售人员不会等待下列任何一项：

◎ **机遇**。盯着电话，期盼潜在客户会回复你的电话或电邮，这就是灾难的秘诀。你的理想客户极其繁忙，根本没有时间回复

第 6 章
主动性：预先采取主动

销售人员的电话，而且多数时候，这不过是在浪费生命而已。如果这些客户需要帮助，通常只需等待一两个小时，便会有主动的竞争对手与他们取得联系。残酷的事实就是：天上不会掉馅饼。你必须采取主动才能创造机遇。

◎ **他人**。等待别人开拓市场之后为你提供信息是一种可悲的策略。信息是锦上添花之物，而非织锦本身。你不能等着别人来完成你的工作，即便他们的工作原本就是为了辅助你。争取主动，发展自己的机会渠道。

◎ **理想客户心存不满**。等待理想客户来寻求帮助是一项被动策略。你已经拨了数以百计，甚至是数以千计的销售电话。你了解所处的行业，知道人们需要什么。不要等别人开口，为理想客户提供新的信息和想法。采取主动可以使你变得强大，使你有别于他人。

◎ **你的理想客户自动达成共识**。如果你等着客户与潜在客户的公司内部就变动——你的解决方案——达成共识，你就必死无疑。如果没有你的支持他们也能解决问题，他们早就这么做了。现状不会等你准备就绪，你的面前有如此之多的销售人员——除非你采取行动改变现状。

◎ **理想客户主动领导一切**。等待客户来告诉你如何推出解决方案是被动的。在许多情况下，他们不知道如何实现你的服务。就在你懒散地消磨时间的时候，他们正等着你来指导他们。

你的实施方案是什么？在客户开口要求之前，就制订出方案并提交给客户。

请记住，就在你空等着有事发生的时候，你的理想客户正在等待某些体贴又足智多谋的价值创造者的行动。他们在等待一个真正可以帮助他们、一个能够分享创造价值的好创意的人，而这个创意能够实现他们迫切需要的结果。你的理想客户正在等待有人采取主动。

如果你在等待……而他们也在等待，那么会发生什么？什么也不会发生——除了会有别人趁虚而入，在你的眼皮底下偷走你的客户。

不要等待。主动出击！

行动起来，掌握主动权。积极主动，全神贯注，具有创新精神。

◎ **积极主动**。在别人尚未意识到之前采取行动，寻找改进的机遇以及需要解决的问题，随后带着解决方案第一个接触客户。

◎ **全神贯注**。全身心投入工作，深入思考，发现有利于客户、贵公司以及你自身的机会。超预期完成任务，现在就开始动手。

◎ **具有创新精神**。找到不同寻常的新方式来改善结果，即使当前的技巧依旧能起作用。

我认识的一位女推销员推销一套十分复杂的解决方案，需要

第6章
主动性：预先采取主动

她的公司利用合作企业来为新客户收集信息。数据质量往往非常糟糕，但是直到新的客户发现他们无法实现自己的所需并且需要为之支付酬劳的成果时，没有人发现隐藏的缺陷。

这位女推销员渴望能够积极主动，很早就行动起来审查数据收集过程，阻止问题的发生。她与客户会面，核查信息，以确保信息100%正确。这种行动往往已经超越了销售部的职权范围，但是她处理这些挑战的办法使她在客户眼中已不仅仅只是一位销售员——现在她是一名值得信赖的顾问。采取主动可以重新定义理想客户对你的看法，显著增加你能为他们带来的价值。

客户重视主动性

你的理想客户希望你能走在他们前面，无须要求便能完成接下来需要做的事。他们希望你能表现得像是管理团队成员一般，代表他们使用你的响应能力。

几十年来，我们被教导说优秀的销售员会在开出处方之前先做诊断。但是这如何与从客户那里得到的信息进行协调？与高管见面时，我很少听他们说："帮我们诊断一下公司存在的问题。"他们往往会说："瞧，我们不知道自己有什么不明白的地方。你是外人，见过其他公司在做些什么。接下来该做些什么呢？"我的客户希望我能为他们提供新的思路。主动将开启销售的机遇。此后再施展诊断与处方的技能。

最成功的销售人员会不断给客户带去新的想法。他们会主动提供下一个有潜力将客户的业务推向新高度的新事物。他们的主动性推动着客户,结果不断向前发展。

担心自满情绪

想想你失去的上一位客户。你觉得被遗弃了,不是吗?你们之间关系融洽、合作愉快,而且你实现了所有承诺。随着时间的推移,维持关系所需的努力减少,因此你便减少了努力。究竟是谁抛弃了谁?吉尔·格里芬(Jill Griffin),《12条客户忠诚金律》的作者指出:因视若无睹而损失的客户要多于任何其他问题。

很容易变得自满。我们努力工作,赢得了客户,签订了合同,建立了牢固的关系。但是随后,我们便会产生安逸却虚假的信念,觉得自己抓住了客户并且永远不会失去他们。我们继续前进,把精力投在其他地方,忽视了客户的需求。我们不再打电话、会面。我们没有意识到客户正在努力处理尚未解决的问题。与此同时,另一个销售人员会主动去解决客户当前面临的挑战——当客户选择了竞争对手时,你觉得自己已经锁定的客户便会流失。

第 6 章
主动性：预先采取主动

自满的解毒剂就是主动。主动性是你关心客户、关心他们所面临的挑战以及经营业绩的无可辩驳的证据。它可以确保你不断给客户带去新的想法、提供改进的结果，从而避免客户流失。总之，你持续不断地创造客户价值。当你实施了一个新的想法时，就要立即开始着手下一个想法。

请记住：小别未必胜新婚，离别反倒减情谊。一旦你不再主动，便直接将客户送入了竞争对手的怀抱。是不满让你有机会赢得这名客户，然而现在，同样是这种不满给了竞争对手机会。这就是为何采取主动极为关键的原因——寻找新的途径为客户创造价值。它可以抵御竞争威胁。

如何采取主动

主动性不是只有当事情变得困难重重时才开始进行思考。它必须成为你日常生活中的一部分，重复且可重复的过程中的一部分。

要采取主动，首先需要可以付诸行动的想法和见解。想法和见解有三个主要来源。

1. 从团队中获取想法

每月安排一次销售团队会议，就如何为客户创造价值这一问题提出新观点。讨论客户面临的共同挑战，共享可以产生最佳结果的解决方案。然后进一步开展头脑风暴，如果进行实施，甚至可以为客户创造更大的价值。这些想法已经存在于公司内部的可能性很大——你只需要采取主动，将它们提炼出来付诸实施。

在我家的劳务派遣公司中，我们遇到了一些派遣后没有前往工作单位的雇员。在一次员工会议上，有人提到，来我们办公室获取任务细节的新人前往工作单位的比例高于那些没有来的人。我们决定，每个人必须在面对面的会谈时领取自己的任务，即便这样更为耗时，也会增加业务成本。结果不可否认：我们的到场率飙升。

2. 积累你自己的经验

一旦你接触过了某一特定行业的客户，就会知道整个流程；你会知道他们是如何运作的，也了解他们是如何实施你销售给他们的解决方案。现在看看其他行业的运作方式。研究在另一个行业中的流程，然后将它们应用到你自己所处的行业中。

当我开始进入人才中介行业时，文档管理（复印机）行业会派遣员工至客户的公司，管理他们的复印机和纸张。我的劳务派遣公司采纳了这个想法，将雇员派遣到了客户的公司。一个产业的想法很容易应用到另一个行业之中。现在，现场托管服务的理念已司空见惯。

第6章
主动性：预先采取主动

这种洞察力可以创造价值并改善客户的结果，而且见解并不一定是个宏伟的构思，你可以经常将创造价值的更小理念转移到客户身上并取得非常积极的成果。

3. 逆行业之流而上

分析你自己所处的行业并做出改变，往往就能带来想法和见解。确定一个标准的行业实践，探索如何能以不同的方式完成。想象你所处的行业中那些能够引来诸如"我们不会那样做。"这类的评论的事情。现在问问你自己："要是我们这样做了会怎样？"或者"我们如何才能做到？"

在我的一位客户所处的行业中，竞争对手们采取低价销售的策略，但是会通过大幅削减用以服务客户的销售商的工资来补足利润。我的客户决定逆潮流而行，他拒绝从销售商头上扣钱，而是选择公开透明。他向客户解释为何他的报价更贵，这么做对他们有什么好处，他赢得了他们的信任——以及他们的业务。

还有一则例子。主要城市的许多酒店都会接送客户往返机场。我经常入住的一家酒店决定它不仅仅只将客户送至机场——它会将他们送至任何他们想要去的地方。这就需要额外的司机与支出，但是这家酒店正在积极主动地服务于客户需求。其他酒店说："不行，成本太高。"但这家酒店却说："可以！"也许成本会有所增长，但此举会产生强烈的忠诚度。

直效销售

寻找每日的机遇与挑战

我有一位客户销售旅游服务,她有一位客户每年都去同一个地方度假。有一年,她注意到,如果提前三个月预订,她的客户就能省下总费用的30%。她打电话给客户告诉她这个机会。客户下了订单,并高兴地定下了第二笔价格更贵的度假订单。

每天你都有无数的机会锻炼主动性。很有可能,你的客户反复下同样的订单,这样你就可以预测他们的需求并准备好迎接他们。他们也可能经常面临同样的挑战。向他们提供一份用户指南或一段视频,说明如何处理这些问题就能赢得他们。采取主动,提供你所知道的客户需要的各种支持。

你也许还能预测会影响客户业务的政治、立法、经济、技术与社会变化。让客户了解即将发生的变化以及这些变化可能会对业务产生的影响,从而打造能够帮助客户洞察未来的声誉。通过采取主动,你将成为值得信赖的顾问,客户指望你能帮助他们预防问题的出现。

主动分享新的想法与见解

将主动性变成你的过程中的一部分。每季度安排与客户会

第 6 章
主动性：预先采取主动

面一次，用以审视你的表现以及你们之间的关系。这些季度会议是将客户公司中的所有利益相关者聚在一起的机会。他们将帮助你找到你可以做出的改动，以便提供更好的服务。在如何帮助他们的问题上，你的客户也许有着自己的想法。每 90 天碰一次头，你就能够不断做出积极的改变，收获能够指明未来行动方向的反馈。你还能将从一位客户的季度业务回顾中学到的东西应用到其他客户身上。

开始！

你的客户总是需要新的想法和解决方案，因为他们往往处于压力之下。你的竞争对手们正在寻找你与客户间关系的弱点并试图抢走你的生意。不要等待了：现在就开始行动！

主动出击、采取主动是销售人员发展高价值的战略关系的方式，这种关系可以创造终身客户。

第一步——现在就开始！

你忽略了哪位客户？（也许不止一位。）让我们先从最重要的那位客户开始。你认为他们现在应该着手进行的下一个提议会是什么？为这个提议撰写一页商业案例，致电那位客户，安排一次午餐会议。午饭时，为了未能更早提出这个想法向他们表示歉意，请他们允许你谈谈这份提案，你知道这有助于推动他们的业务——以及你们之间的关系——向前发展。

第 7 章
毅力：突破重重阻力

能够实现梦想的人与其他人之间最大的区别就在于，即便早已不合逻辑、不合理、不有趣、不公平或是不聪明，他们仍旧愿意继续尝试。

——丹·瓦尔德施米特（Dan Waldschmidt），
《尖峰对话》（EDGY Conversations）一书作者

这是一则真实的故事：我每周给一位理想客户打电话，坚持了75周，留下75条语音邮件后，他终于在第76周接起了电话。当我请求与他见面时，他恼火地回道："你给我打了一百万个电话了！"他显然对于我固执、不懈地想要为他服务的态度无动于衷。

"事实上，"我愉快地答道，"这只是第76次。"

片刻过后，他说："嗯，我感觉像是有一百万次了。要是你现在能出来，我就下单。"

两分钟后，我坐进车里。二十分钟后，我已经在他的办公室

第 7 章
毅力：突破重重阻力

里签订了订单。仿佛魔术一般，他已经从理想客户转变为真实的客户！

毅力就是这样起作用的。如果你不接受"不"，不放弃，不屈服于现状，机会之窗终会打开，你就正好站在它的面前。如果它没有打开，那就用撬棍一直将它撬到开为止。

毅力就是选择想要的结果，坚持追求这个结果，直到实现目标；是坚定、耐心、不动摇并且在通往目标的道路上不轻易让步。

如果迫切地想要得到一样东西，就去追求它。永不放弃。我是说永远。

毅力，是成功销售的关键因素；是当目标明显难以实现时，坚定地追求目标；是奋力前进的愿望。卡尔文·柯立芝（Calvin Coolidge）曾经说过，毅力无可取代。他继续阐明道："天赋无法取代坚持；拥有天赋却不成功的人极其常见。天才无法取代坚持；碌碌无为的天才人尽皆知。教育无法取代坚持；受过良好教育的失败者更是随处可见。只有毅力与决心无所不能。""无所不能！"很有力的字眼，对吧？

我知道，你认识一些十分机敏的人，他们的智力令你折服，但是他们业绩不佳，因为他们没有坚持不懈地努力。一定有些与我同期毕业、与我拿到完全相同的学位的人从未在某件事上坚持很久，因为无法把事情做好。他们不过是缺少了毅力——在将球踢进球门线之前不停积极拼抢的能力而已。

毅力包含三大主要品质：

◎ **决心**。坚定地——事实上，是不可动摇地——实现目标的意向。你永远不会放弃。你始终专心致志地致力于实现目标，即便失败了，甚至不知道如何才能获得成功。

◎ **执着**。斗牛犬般，不论发生什么，都会施加压力与坚持不懈的脾性。"固执"是执着的一个很好的同义词。

◎ **刚毅**。结合了勇气与决心，尽管存在障碍、遭到拒绝，也会推动你向前。不害怕忍耐，能够勇敢地接受——亲自参与进来。

请记住，"不"仅仅意味着"现在不行"

销售当中最常见的字眼就是"不"。第一次接到你的电话时，潜在客户大多会说"不"。他们会拒绝你提出的一些承诺，而你需要这些承诺才能进一步争取机会。他们会在你结束游说的时候加以拒绝，尤其是提到价钱的时候。但如果你一听到"不"就放弃，你觉得多久之后你就再也找不到可以致电的潜在客户了呢？多数人为了能与你见面，往往会拒绝你的初次尝试！

尽管开始时也许有些难，但是也不要因"不"而增添消极意义。不要认为这是一种对于你个人的鄙弃，会削减你作为人的价值。相反，将其视作一种反馈。"不"告诉你，你需要转变方式，创造出更多的价值，或者稍后再试。一次拒绝并不是失败，

第7章
毅力：突破重重阻力

而是一条信息。

即便是在一场艰苦比赛结束之时，当竞争对手获得胜利之时的一句"不"也不意味着没有希望。很多潜在客户不会购买你的产品——有时是因为他们选择了你的竞争对手，有时是出于其他原因。你发现了一个机会，参与了竞争，最后没有成功。这并不意味着你应该走开；要坚持不懈，无论怎样都要与客户保持联系。成功的销售人员知道比赛永远不会终结。当你转身走开，当你放弃的时候，事情就没有转机了。

如果你真的想要赢得这位潜在客户的合约，就不要放弃。重新部署，然后培养关系，这样，当下一次机会出现的时候，你就能站在前面。针对在较长时期内赢得客户做出努力。并请记住，你的竞争对手与任何人一样，都容易自满。这意味着，犯错只是迟早的问题。一旦发生这种情况，你就能站在队伍的最前列，得到理想客户的业务。

持之以恒，保持联系，像一位专业人士一般执着，随时准备好抓住机会。这些都是赢得客户业务的关键，即便他给出的回答是"不"。

职业毅力——不惹人厌

尽管不断出现，向客户提供想法和信息很重要，但是不要骚扰客户。有毅力的销售人员能够赢得客户的钦佩,即便有时有点逆来顺受的意味。有客户就曾告诉我,他们之所以答应与我见面,仅仅只是因为我的毅力。还有人说,像我这样有毅力的人值得加入他们的团队。但是毅力与骚扰之间横着一条界限,这条线你永远不应跨越。

毅力与骚扰之间的区别在于你与客户沟通的内容。如果每次的沟通中,你都明显试图向他们进行推销,你很快便会惹人厌烦。如果每次的沟通中都能包含能够创造价值的信息,人们就会以积极的心态,认为你很有毅力。

请记住,随着互动的增加,你会将自己定义为一个价值创造者或是浪费时间的人。想想那些销售人员广泛使用的在每个季度打给其潜在和现有客户的确认电话。我觉得这些都是浪费时间的骚扰电话,无法向客户提供价值的销售人员才会去打这些电话。

近二十年来,有一位推销员每个季度都会给我打电话。每一次的通话内容几乎都完全相同。他说:"我是 [此处略去了公司名称,以免造成可怕的尴尬局面] 公司的马特。来电只是想核查一下,看看最近是否有何变化。"

我的答复千篇一律:"没有。没变化。"

马特并未被吓倒,接着问道:"下一季度我可以打电话过来确认是否发生了变化吗?"

是否有何变化?马特!过去二十年间,我的公司、我所处

第 7 章
毅力：突破重重阻力

的行业、整个经济……一切都发生了变化！谁都不可能没有留意到过去二十年间所发生的巨大的科技、经济和文化转变。然而马特并未留意到任何值得一提的事，没有问问这件事对于我的生意的影响。他从未表达过可以如何帮助我。这就使得马特的电话成了一种骚扰。我一直没有拒绝接听他的电话，因为随着岁月的流逝，这个故事对于销售人员的教训的价值逐渐增长。但是，唉，可怜的马特从未赢得我的合同。

如果你打电话问潜在客户"是否有何变化"，你立刻将自己定义为了浪费时间的人。不要说你是来打电话"确认"的——这个词表明你没有什么重要的信息可以提供——在潜在客户成为客户之前，要与他们分享你的想法，创造价值，发展现在需要的关系。这样一来，一旦销售时机成熟，客户已经将你视作一个具有有价值想法并且有能力将其转化为现实的人。

时间就是一切

持之以恒的秘诀就在于知晓何时需要耐心等待，而何时应该主动出击。一旦我确定了一位理想客户，一家需求与我们的产品完美匹配的公司，这件事完全不费脑子——除了那位有采购权的总经理拒绝给我一个推销机会之外。我奋力向前，她则退回至原点；我不屈不挠，她却还是无动于衷。根据我的记录，这种状况持续了七年。我玩笑般地对朋友说,"只有等她过世了",我才有机会帮助这家公司。这并非完全正确,尽管在她离职之前,我仍旧没有办法迈出第一步。

在她离职的那一刻,我拿起电话联系上了她的继任者。我怎么知道她的前任已经离开?过去七年间,我一直坚持不懈地给她打电话,不断地试图创造价值,即便一直被拒绝。然后有一天,有人告诉我:"她已经不在这家公司了。"几天之内,我就见到了她的继任者,摆事实、讲道理,说明我们是合适的合作伙伴并赢得了来自全国知名的大公司的一份两百万美元的合同。

这就是你坚持的理由:这样你就能在恰当的时候出现在恰当的地点。既然你不可能知道恰当的时间会在何时出现,经常出现就能确保当时机来临的时候,你就在那里。

有时,你只需要等在路障外即可。耐心、克制,心里要清楚,事情总会有对你有利的一刻。当这一切真的发生时,你就在那里,准备采取积极行动,抓住这次机会。

可以提高、使用毅力的三种方法

让我们现在便开始划清界限。从今天开始,你将成为一只斗牛犬。没有支持,不能后退,无法放弃或是屈服。你将坚持追求自己的目标,不论遇到多大的困难。你将成为一位坚韧不拔、坚

第 7 章
毅力：突破重重阻力

定毅力的固执的价值创造者。

你是否准备好做一些工作来提高你的毅力呢？让我们开始努力工作吧。

1. 重新定义挫折

挫折与障碍不过是销售的一部分而已，谁也躲不过它们。若想获得长期成功，你必须克制住赋予它们负面意义的冲动。相反，要将挫折和障碍重新定义为可以帮助你做出调整的反馈。然后继续尝试。

你在自言自语时所说的话可以帮助你以积极的态度对待拒绝或是失败。不要对自己说，"这个客户永远也不会见我"，而要说："我不过是刚刚浇灌了我们刚刚萌芽的关系。再打几个电话，他就会同意见我了。"不要将一次失败视为永远的失败，告诉自己："他们只与我的竞争对手签了一年的合同。这就意味着我还有三百六十五天可以去赢得他们的业务。我实在非常适合他们！"

销售就像是解谜。如果陷入僵局，就尝试一些新的东西，在找到有效方法之前变得足智多谋，坚持不懈。你能得到的一些最好的客户将会是最难得到的客户。如果你想要赢得他们的业务，就必须坚持解决这一难题。

赢得很难争取的客户还会带来附带的利益——你的竞争对手也

很难争取到他们。大部分的竞争对手不会像你这样锲而不舍,这便使得从长远来看,你那些难以争取的理想客户资源更加安全。

2. 重置比赛时钟

篮球比赛中,蜂鸣器响起,比赛当即宣告结束。销售的竞赛中不存在蜂鸣器……因为这场比赛永远不会结束。

我无法告诉你,销售人员问"什么时候才能不再给潜在客户打电话?"这个问题的频率有多高。他们只是在等待终场的铃声响起,而不是带球入场,争取得分。他们想要放弃,因为这位潜在客户很难拿下。但是现在的拒绝并不意味着他会永远将你拒之门外。为什么不再给理想客户打电话了呢——你知道自己可以比任何人都创造出更多的价值?

我曾听过哈维·麦凯(Harvey Mackay)——受人尊敬的励志演说家与众多畅销商业书籍的作者谈论他的第一份销售工作。他问一位上了年纪、头发花白的销售老手何时可以退出。他答道:"等到他们或者进坟墓的那一天。"我在很多演讲中反复提及这则故事,每次总能引来阵阵笑声。它还赋予了人们坚持不懈的力量。只要你有能力帮助潜在客户获得更好的结果,就不要放弃给他们打电话。

你可能会认为自己已经失去了某次销售机会,但说实话,比赛尚未结束——这才刚刚开始。坚持不懈,现在就开始采取行

第7章
毅力：突破重重阻力

动，能帮助你在未来赢得客户。每次你无法成功销售的时候，就像比赛时钟的指针拨回至比赛开始之时，然后从头开始。最好能够摒弃所有有关比赛结束会响起蜂鸣声的想法，因为这场比赛永远不会结束。

如果你尚未开始这么做，就请列出你曾经争取过但最终失败的理想客户名单。让这些人成为你坚持不懈竞争的对象，直至你们当中有一方与世长辞。

3. 尝试新点子

成功的关键往往在于实验——无休止地试图找到能够打开机会之门的那把钥匙。在试遍三千余种不同材料后，托马斯·爱迪生才找到了一种实用的灯丝。"我没有失败，我只是尝试了一万种不奏效的方法，"他说，"我不气馁，因为将每一次错误的尝试抛在脑后，就等于又向前跨出了一步。"爱迪生也许夸大了自己失败的次数，但是他提出的观点却十分有力。他坚持了下来。他知道自己总能找到一种方法。你也可以这样做，而且不需要尝试一万次。

想想你打算实现的目标，列出能使你更加靠近目标的各项行动。不要担心这些行动是否过大、具有变革性，或是太小、太微不足道。像专业人士一般持之以恒的关键，是要掌握下列这些工具、思想与技巧。

直效销售

◎ 当你致电你的理想客户,希望能与他面谈却被拒绝时,给他发送一份带有你个人注释的白皮书,告诉他文件的主导思想将如何帮助他取得更好的结果。

◎ 当发送电邮给你的理想客户,希望能与他面谈却被拒绝时,再发送一封跟进的电邮,给他讲一个你如何帮助了类似客户的故事。

◎ 如果失去了一次机会,就请求与理想客户面谈,了解他选择了竞争对手的原因。最后一定要记得说"谢谢您的反馈!",并请求对方再给你一次机会。一旦得到机会,为了获胜,必须做出必要改动。在时刻准备的过程中,坚持不懈地与"失去"的潜在客户联系,与他们分享你最新、最伟大的价值创造理念。

从长远来看,你必须不断地开展业务,即便没有其他原因,这也是他得以了解你的途径——即使只是疏远的了解。我知道,有一些销售人员在寻找潜在客户时,永远都不会给客户留语音邮件。这就意味着,当潜在客户终于接起电话时,仍是第一次听到销售人员的名字和声音。这位销售人员是一个完全陌生的人,而不是坚持不懈的专业的价值创造者。因此,你需要留下语音邮件,但是留言一定要简短,这样潜在客户才会一口气将它听完。一定要让他知道你现在正在拉拢他。

列出你可以做的所有行动,以及能够支持你的职业毅力的所有工具。在日历上安排好这些行动。随后继续完善这份列表,只

第 7 章
毅力：突破重重阻力

在需要审视行动结果、捕捉反馈并做出调整时暂时休整。

永远不会结束！

毅力意味着即便在被人拒绝之后仍旧会继续寻求机会。诺曼·霍尔（Norman Hall），富勒刷具公司的最后一位推销员认为，推销这份职业就是一片"拒绝的海洋"。而毅力则可助你在这片海洋之中漂浮、游泳。坚持不懈地打电话——必要时也许需要打上几年的电话——永远不能忘记去滋养与客户之间的关系，即便没有任何迹象表明，你有机会将这位潜在客户转换为真正的客户。这条路必定能够通往成功。永远不要放弃！

第一步——现在就开始！

为了能向前行，我们必须先往后退。列出过去十二个月中未能谈成的交易。这些潜在客户中，你与多少人保持了联系？如果与多数人一样，你的答案是"不多"。但假如这些潜在客户值得你继续争取，那么他们现在就值得你付诸行动。拿起电话，重新与其中的每一个人接洽，或是分享一个能够创造价值的新想法，或是安排一次会面，努力重新寻找潜在客户。一些潜在客户已经因为选择了你的竞争对手而感觉不满了。他们正在等你。

第 8 章
沟通：倾听与联系

信任是一种关系，它始于倾听。它不以数据驱动，不是边听边分析，它是可以让客户确信你"明白"他们的需求，并且重视他们的那种倾听的方式。

——查尔斯·格林（Charles H. Green），
《基于信任的销售》（Trust Based Selling）一书作者

这是一则真实的故事：一位销售人员居然对一位潜在客户说："这单交易必须这样做，因为只有这样，我拿到的佣金才最多。"

我们称之为"佣金口气"，一种十分危险的口臭形式，简直能够融化客户的脸——导致交易失败。这位销售人员以为，他正在用这种方式告诉客户，他的动机很单纯，然而事实恰恰相反。或者，正如萧伯纳所言："沟通的最大的问题是人们各说各话而互不自知。"

第8章
沟通：倾听与联系

沟通不仅只是商务演示而已

许多销售人员认为，善于沟通就意味着能说会道，可以令人信服地表达自己的想法。换句话说，他们认为，良好的商务演示技巧等同于良好的沟通能力。尽管表达、演示、说服的能力确实能让你传递信息，但是这些只不过是每次销售互动中所发生的沟通中的一部分——而且通常是最不重要的一部分。更为重要的内容是向客户传达出你关心他们、关注如何解决他们的问题的这种想法。

这里的关键词是"传达"。你可以一遍遍地说"我很在乎"，但是它们很快便消失得无影无踪。然而，你所传达的想法必须能够证明你正在倾听潜在客户讲话，并且明白他们的需要和需求。传达信息的最佳方式是什么？仔细聆听他人所说的每一个字，然后做出适当的回应。

销售人员往往认为，沟通就是激励宣扬自己的理念。根据他们的操作方式，沟通仿佛就是一种单向的信息流动——从他们流向潜在客户或是现有客户——而且三句话不离销售。对他们而言，沟通不是打电话而是使用扩音器。然而，仅仅单向传递"购买我的产品"这样的信息并不能转化为有效的销售。事实上，正好适得其反，这种沟通方式会破坏销售能力。没有人愿意从一个不停喷出信息或是滔滔不绝地介绍商品的规格、特性与优点的行走的发声网站那里购买产品。

良好的沟通始于良好的倾听，是关怀的延伸，能够促进销售。史蒂芬·柯维（Stephen Covey）说过，"先知彼，再解己"。他说得很对。如果你想进行良好的沟通，摆正两者的先后顺序就极其重要。

倾听他们而非你自己的声音

你是否注意到，当潜在客户在讲话时，你却心不在焉？你心中的声音是否盖过了客户的声音？我无法确切地说出这种现象在我身上发生了多少次。我必须比僧人还要努力才能保持心灵的平静，以便在不策划自己反应的情况下倾听别人说话——或者，更糟糕的是，不等别人说完便打断他，发表自己的观点。控制自己依旧不是一件容易的事，然而我发现，通过聆听别人而非自己的声音，我可以学到很多。事实证明，我已经知道自己的想法，而你也清楚你自己的观点。

为了实现有效销售，你必须做到有效地倾听。倾听客户借以描述他们所处的现状、面临的挑战和机遇的话语，此外，竖起耳朵，仔细听听他们没有说出口的话语。你是否听到某位潜在客户用无精打采的语调说"我们非常高兴"，语言与语气间的分离表

第8章
沟通：倾听与联系

明了你真正需要知道的内容。只要你开始留意，就能发现这种不协调之处以及其他线索。怀着了解客户的感受，他们的不满、希望、梦想与恐惧的目的去聆听他们的讲话。它可以极大地帮助你选择最有效的销售途径。

当然，如果你只关注自己内心的声音，那个一直在核对你即将倾倒给客户的信息与论据的声音，那就听不见他们的声音。倾听客户，这样你就能理解他们。只有在理解了他们之后，才应该考虑自己应该说些什么。请记住：无论你多么精心地准备了你的商务演示，首先倾听别人的讲话能够使你的沟通能力变得更加强大。或者就像是"史密斯飞船"的伟大歌手史蒂芬·泰勒所演唱的那样："就像是狗狗朋友众多的原因那样，它摆动自己的尾巴，而不是搅动自己的舌头。"

聪明的问题比有力的声明更为强大

好吧，让我们假设你已经带着兴趣认真倾听客户讲话了，现在轮到你开口了。你会说些什么呢？推销自己吗？大概不会吧。

销售人员最为重要的工具就是一系列需要客户回答的精巧的问题，以及通过仔细聆听他们的回答，充分了解他们的需求的意图（是的，还要倾听！）。有力的问题证明你具有商业敏锐度与情景知识。聪明的问题可以让你在竞争对手中脱颖而出，树立

直效销售

起行业专家、值得信赖的顾问以及可以进行咨询的销售人员的形象。它们能够显示出你真正关心此事,并且能够帮助你收集到必要的信息。当你听见理想客户说"这问题不错"时就知道了。

如果只谈论你的产品或解决方案就无法了解客户的需求,也无法弄清客户的喜好或决策过程。最有效的沟通就是对话:你提出深思熟虑的相关问题,仔细聆听客户的回复从而真正理解他们。只有证明了你已经真正了解客户的现状、感受以及喜好之后,才能在继续对话中有效地展示你的想法与解决方案。

何时进行"销售"

滔滔不绝地列数产品或服务的特点,按照自己设定好的脚本等不断进行销售、销售、销售,也许对你来说充满了强烈的诱惑力。

但是请你一定要忍住。等你向客户传达出你对他们的现状、需求和偏好感兴趣的信号,并且已经通过倾听与提问建立起信任之后,再进行这一步。此时,你才能展示信息、提出观点,告诉客户,为何你的解决方案对于潜在客户或现有客户而言最为理想,重新提及他在回答你所提出的问题时与你分享的信息。

这里有一条经验法则:在销售周期的早期,只有当客户问起时,才能提及关于你自身、你的产品或解决方案。否则,你就在

第8章
沟通：倾听与联系

向客户发出信号，表明较之帮助客户实现他们期望的结果，你更为关心销售。

因此，不要一直说个不停。相反，与客户交谈，确保自己的所有回应都与客户需求相关。

沟通偏好，与沟通方式相适应

销售如同生活，最重要的谈话总是那些面对面的沟通。那是因为传达出你的关心至关重要，而与人面对面的聊天最能证明你的关心。列车驶出站台时，你才现身说"因为关心，所以我现在来帮你了"。

如果无法当面交谈，这些重要的对话就应通过电话进行。通过电邮沟通一件困难的事情就会告诉客户，要么就是你不敢与之对话，要么就是这件事在你们心中的分量不同。

尽管沟通的方式必须与信息的重要程度相匹配，你最终仍旧需要使用客户更为喜欢的方式。举例来说，我喜欢打电话，但是我有一位客户——一家大公司的首席执行官——喜欢发短信。他很少会接我的电话，但往往马上就会回复我的短信。当我问他为何会喜欢发短信时，他回答说他从未思考过这个问题。随后我又问他家中是否有十几岁的孩子，他说有两个。孩子们教他发送短信了吗？他笑笑说的确如此，而且如果不发短信，就完全无法与自己的孩子们交流。他很快就爱上了发短信，因为发信息的人需要直奔主题。

　　交流不仅只是传递信息而已。你必须为信息的结果选择合适的沟通方式。我们必须小心，通常情况下不能由客户决定沟通的方式。有些客户首选的沟通方式无法为对话服务。例如，他们也许更喜欢发送电邮，因为他们真的不想讨论一件尴尬的事情，而事实上，面对面的交流更为合适并且也能改善沟通的结果。仔细评估信息与所需的沟通方式，以便实现最有效的沟通。

有效沟通的三大要素

　　在销售领域，我有一位伟大的导师，他可以用我所见过的最少的话赢得更多的交易。如果存在一种有效性度量工具，可以比较交易规模与所说的话，他绝对会成为世界上效率最高的销售员。

　　他是一位卓越的听众，提出问题后便静静坐着聆听客户的回答，当他们说完之后再抛出更多问题激励他们继续说下去。他会等客户完全欲语无言的时候提出更多问题帮助他们进一步澄清。最终收集了所有所需信息之后，他会恰当地总结观点，确保自己的理解正确无误。此时，他才会开始解释我们的服务将如何满足他们的需求。他从未向任何一位客户进行过"推销"，仅仅只是

第 8 章
沟通：倾听与联系

帮助他们解决问题。他说话简明，而且总说实话，即便这样做存在风险。

我的导师具备了有效沟通的三大品性。分别是：

◎ **好奇心**。沟通大师个个生性好奇，爱问问题，因为他们真心实意地想知道问题的答案。较之推销自己的想法，他们对于踏上理解之路更感兴趣。

◎ **兴趣**。有效的沟通建立在真正对他人感兴趣的基础之上，而兴趣源自于关怀。（你也许需要重新阅读第三章，它确实极其重要。）最优秀的销售人员很容易就能让客户掏钱购买，因为他们能向客户传递出他们对其真正感兴趣这样的信息。

◎ **坦率**。客户想找一位诚实的销售员，一个可以信任的人。他们需要听到关于横在面前的挑战以及成本的不加掩饰的实话。你理应向客户全面披露相关信息，隐瞒信息就是不诚实。公开长处、短处、成本与承诺（时间、培训等）可以确保客户对你的解决方案感到舒服，并且知道你将他们的目标摆在了你自己的目标之前。

如何提高沟通能力

如果你浑身洋溢着好奇、兴趣与坦诚，也许你就已经能够进行有效沟通了。通过带着兴趣专心聆听、提出聪明的问题、忍住

直效销售

匆忙"推销"的冲动,便能自动将你的关心与伸出援手的愿望传递给客户。在你与客户或是潜在客户对话的过程中,你所提供的信息与想法自然而然地就会出现。

如果你并非生来便擅长进行有效的沟通,依旧有一些可以提高沟通技巧的方式可循。在练习并将它们记在心间的过程中,你也许会发现自己对客户和潜在客户拥有了更强的好奇心,对他们更感兴趣,也更愿意为他们解决问题。

1. 练习成为杰出的倾听者

首先,延迟你开口的愿望。提出问题之后,怀着强烈的了解客户的愿望去听他们的答案。将重点完全放在客户以及他们所讲的内容上,不要为了回应而组织语言。我发现,在客户说完之后静静等待四拍,往往就能促使他们再补充一些内容。此时他们所说的话往往极其重要,发人深省。客户也许会说:"我们真的只需要在这里提高吞吐量……[啪,啪,啪,啪]……我觉得,这个部门的经理的领导力也许会面临挑战。"啊!最后这一条信息弥足珍贵。第二,在你做出回应之前,激励客户提供更多信息。请他澄清并解释他的意思,这样你就可以得到更为深入的了解。不要简单地重复你听到的话,鹦鹉学舌般地重复每一句话会令人生厌。相反,你可以说:"如果可以的话,请再谈谈那个部门的经理。"

第 8 章
沟通：倾听与联系

最后，学会记录简洁的笔记，这样你就能一边看着他的眼睛听他说话，一边收集到100%准确的全部必要信息。我会试着写下能促使我谈及主要观点的关键词。通常三四个词就够了，感叹号可以让我想起以后需要做出回应的东西。当客户请你做出回应时，在阐述自己的观点之前请先总结自己所听到的信息。你的总结会向客户发送一条消息，他们说的话十分重要，并且可以给他们重新定义问题与目标的机会。

记录关键信息极其重要。如果不记笔记，就没有真正地在听。你也许听见了客户所讲的每一句话，甚至全神贯注，但是你也在发送一条强有力的讯息，即他的讲话中没有任何值得你记录下来以便日后参考的重要信息。

2. 换位思考

当设身处地地站在他人的位置，并试着从他们的角度去观察形势时，你自然会变得更加好奇，也更感兴趣——优秀沟通三大品性中的两项。你会真正想去了解他的运作方式、他的成功与失败之处、他所面临的挑战等。这样一来，你便自动成为了一位更有效的沟通者。

换位思考时，记录下他们似乎十分青睐的词，对于他们而言，这些词也许具有特殊的含义。他们的语言可以帮助你了解他们对于世界的看法，让你洞察他们认为重要的事情及其原因。他们的选词是有意义的,因此,请在交谈、演示以及提议时使用这些词汇。

如果客户说"这是我们最具战略性的挑战",你可能会说:"为了在重要的战略挑战上给予你们帮助……" 如果他们说,"这个可怕的生产力真折磨人",你可能会说:"我明白,你们面临的吞吐量问题正在扼杀你们的生产力。"

利用他们的语言来解释你的想法,你可以证明自己了解他们的看法并且进入他们的世界,至少在某种程度上是这样。

问问你自己:"这里传达的真正信息是什么?""我抓住正确信息了吗?"

3. 掌握提问的艺术

较之做陈述,提出一系列聪明的问题更加能够打动理想客户,对其产生影响。那么,如何才能提出聪明的问题呢?让我们先问问自己下列这些问题吧:

◎ 对于客户的业务,你需要了解些什么?他们所在的行业?他们的个人需求和欲望?将你需要借此找到答案的问题列成一张表。

◎ 关于他们的挑战,你需要了解些什么?他们对现状不满吗?如果是这样,原因是什么?什么有可能迫使他们做出改变?

◎ 什么阻碍了他们获得自己所期望的结果?他们现在如何

第8章
沟通：倾听与联系

应对这些挑战？他们的团队中还有谁可以帮助他们克服这些障碍？也许你会问客户："在过去，妨碍你改善结果的是什么？"

聪明的问题可以帮助你发现客户的决策标准以及心生不满的根源，你需要这些信息来完美地定位你的解决方案。更重要的是，提出入木三分的问题也能向客户发起挑战，促使他们去分析自己面临的问题——以及解决之道——激励他们下定决心与你携手前行。

4. 撰写、演练、使用脚本

你是否曾在一次关键的讨论中，脱口说出了一些愚蠢得让你自己都怀疑如何会从嘴里冒出来的话？你是否在话已出口的瞬间就想将它们拽回来？事先计划好你要说些什么，用最有效的方式传递信息，就能避免发生这种情况。

我已经可以听到你在抱怨说，脚本会扼杀你的创造力，你必须具备独立思考的能力。我建议你做两手准备：撰写、演练、使用脚本，同时独立思考。不管你的准备有多么充分，都应该预见到，在与客户互动的过程中，至少会发生一起意外事件。请记住，事先安排与即兴发挥之间本质上并不排斥。使用脚本并不意味着你就要像念剧本一样说话。

开始时可以为最重要的客户互动撰写对话。使用你最好的语言记下每一个要问的问题以及要做的陈述的确切措辞。有力的语言可以带来强有力的沟通。例如，下面是我在工作中使用的一些问题：

◎ "我可以和你们分享一些我的想法吗？"

◎ "我可以请你与我合作，共同建设解决方案吗？"

◎ "我觉得我们已经完成了继续前进所需的足够工作。我们可以开始讨论合同了吗？还是说你认为我们仍需完成一些任务才能有100%的信心进行下一步？"

◎ "在你看来，合适的解决方案是什么样的？"

◎ "如果想让这个办法真正起作用，我们还需要将谁纳入我们的团队？"

将你需要在试探性电话销售与商务演示中提出的问题写下来。当你在处理业务中的常见问题时，根据你最常收到的反对意见，设计出可以用在回应中的问题，并且写下能够展现你有能力克服横在这些反对意见背后的障碍的例子。

如果你已经投入了销售圈，就已经开始在使用脚本了，尽管你也许并未意识到这一点。难道你没有发现，当你开启一场对话或是展示某个特别的解决方案的好处时，会重复很多相同的话吗？这些就是脚本，尽管你也许从未记录下只言片语。

我已经在销售领域摸爬滚打了多年，然而，我依旧会为每一次的重要谈话撰写脚本，以确保我的沟通明确，没有任何结巴或是失言。

第 8 章
沟通：倾听与联系

以这种方式提前规划，也有助于你消除不讨喜的语言——也许带有批判、漠不关心或是防御意味的话语。开口之前先花时间想一想，你选择的所有措辞以及这些措辞如何能够帮助你成为更加优秀的沟通达人。

选择成功的沟通

无疑，你接触过大量不肯听你说话，只想向你推销的销售人员。你已经奋力地与他们分享你的需求，但是他们根本听不进你的话，因为他们正忙于试图将自己的信息传递给你。这种体验叫人觉得沮丧，也许你迫不及待地想将他们扫地出门。

然而，你也许也遇见过一名能够倾听你的话，会提出聪明的问题，并且不会喋喋不休地推销的销售人员。你觉得他很关心你，就像是他希望你能得到对你而言最好的结果。交易十分愉快，甚至十分享受。而且走的时候，你感觉自己比之前状态更好——你获胜了。

我问你：你希望成为哪种类型的销售人员呢？

第一步——现在就开始！

在下一次进行销售拜访的时候，练一练不要急着在潜在客户

直效销售

说完之后便立即开口,心中默数到四。等待足够长的时间,以便与你交谈的人可以再次开口,如果他们愿意的话。也许这段沉默会让你觉得不舒服,但是留在当下,继续等待。当你日益适应之后,就可以数到五或是六之后再开口。保持沉默,就能给与你交谈的人足够的时间说完他们的想法。这项练习不仅限于办公室。

ﾠ
第 9 章
责任心：掌控你的销售成果

> 责任心的最终定义就是，夜晚能够安然入睡，因为你知道你已经在正直与诚实上尽了全力。没有人能够从你这里将它夺走。
>
> ——阿曼达·霍姆斯（Amanda Holmes），
> Chet Holmes International 首席执行官

请完成这句话："我销售——"

如果你的答案不是"结果"，那就答错了。如果你的回答是你的产品、服务或解决方案，那可就大错特错了，这种错误也许会破坏你成功销售的能力。

在销售与营销的圈子里流传着西奥多·莱维特（Theodore Levitt）的一句老话："人们其实不想买一个四分之一英寸的钻头。他们只想要一个四分之一英寸的洞！"换句话说，你的客户只对买到结果感兴趣，你真正销售给他们的东西只不过是获取结果的一种方式。这么想吧：如果不用钻头也能得到四分之一英寸的洞的话，你的客户会非常乐意的。

在过去，销售人员向客户进行推销、下订单、收货款。不论买到的商品成功还是失败，都是客户自己的事情；销售人员已经转战下一个销售机会。现在，销售的成功需要作为销售人员的你付出更多，因为你已经在价值主张中占据了很大一部分。客户所购买的不仅仅是结果，而且还包括你实现结果的能力。这就意味着，你必须对结果，而不仅仅是销售承担起责任。

对结果承担起责任意味着接受为客户钻洞而不仅仅是销售钻头的责任。你向客户出售了他在业绩上的一定改善。现在你必须交付改善后的表现，否则你就有负于客户。产品交付、实施方案、执行服务之后，你的工作并未结束。你的工作仍将继续，因为你必须确保自己能够交付所承诺的结果。采取一切必要行动来实现这一结果，即便合约早已到期归档完毕。

在复杂的 B2B 销售中实现结果并不容易。这就是为何你必须与团队以及客户的团队合作，确保实现你所销售的结果。你必须继续肩并肩地与客户同处战壕之中，最困难的时候，你必须坚持下去，让客户感受到你的存在，动用所有技能确保能够交付所承诺的结果。

当你交付了你真正销售的内容——一个成功的结果——你就能树立起良好的声誉，成为一个能够履行诺言的人。

第 9 章
责任心：掌控你的销售成果

问题就像馊鱼，散发阵阵恶臭

你是否曾有过这样的经历：你准确地诊断出了客户的需求并且知道如何帮助他们，你与他们紧密合作，制订出正确的解决方案，然而，不知何故，这一切分崩离析？失败。这不是你的错。但是你依然需要对结果负责。

我在劳务派遣这个行业里曾不止一次遇到过这种情况。好像我越是与客户一起努力制订出一个解决方案，来处理他最大、最具战略意义的问题，整件事就越有可能在实施的第一天搁浅。也许是员工们尽管为工作做好了准备，但是他们却并没有露面。或者，我们安装的复杂的计时系统恰恰在发工资之前崩溃了。然而，我们的关系永远不会因为这些问题而终结——因为我带着团队赶到，解决了问题。

我学到了一个教训，学习之路总会存在巨大的陡坡。我甚至开始与潜在客户开玩笑说，我们会在尝试三四次之后得到正确的解决办法。他们当中的很多人会说："要是我们自己能在尝试三四次之前解决问题的话就已经算是很幸运了。"我的笑话是一种痛苦的自我承认，但是客户看出，我意识到了问题的潜在可能，他们相信我能够担得起责任。

你并不完美，也不需要变得完美，但是你必须为应对销售复杂业务结果时所面临的主要挑战做好准备。你的客户也许会因为

直效销售

"你"的失败而生气、不高兴或心烦意乱——这一点无法避免——但是当那些可以塑造你的未来关系并确定你能否留住这些客户的子弹开始乱飞的时候,你如何回应才更加重要。

问题拖得越久,客户就会愈发不满——而且,再次强调,正是这种不满情绪让你有了一开始与他们合作的机会。如果你无法迅速直接地解决问题,毫无疑问,你就会被取代,就像你之前取代了其他销售人员的地位一样。

如果问题出在你的团队上,如果它正在竭力交付你所销售的内容,你就必须站出来,提供帮助和领导。你越早意识到自己的团队需要支持,就越容易防止小挑战演变为抹杀结果的大怪物。无论问题是如何发生的,趁早解决它们。在这种情况下,时间可不是可以相处很久的朋友。

承担起结果而非交易的责任

你必须对自己销售的结果承担责任,但这并不意味着你必须对构成这些结果的每笔交易负责。你必须确保每个参与者都能理解他在特定交易中的角色——他能够及时交付双方约定的内容并且能够跟进客户。尽管如此,你依旧不能陷入亲自照看每笔交易的困境。如果这样做了,你就不是在销售。如果你不是在销售,你的团队、公司、未来的客户和你自己就会失败。

第 9 章
责任心：掌控你的销售成果

例如，假如客户因为丢失或找不到订单致电给你，并且需要你的团队帮助追踪到这笔订单。你决定，因为是你处理了这笔交易，因此，你个人必须帮助他。你花了几个小时搜索订单，然后打电话给他，告诉他订单的状态。你的目的是证明你关心客户并且对他负责。但是这也占用了你处理自己真正的责任的时间。你真正需要做的是将管理交易的工作交给你的团队。

不要亲自追踪丢失的订单，打电话给团队中的相关负责人，告知他问题所在，为他提供所需的所有信息。告诉他，客户正在等待他的答复，请他定期向你汇报订单状态。如果他汇报说他已经处理了这个问题，那么你就可以致电客户跟进，确认问题已经圆满解决。如果问题未能解决或是再次出现，就向客户说明你还需要哪些额外资源来实现更为永久的修复。

坚持对你的结果而非实际的交易负责。通过管理结果，将交易留给你聘请来处理交易的人，你就能最好地为客户以及你的公司服务。

自己计分

还有一件事也需要你亲自负责：确保客户知道事情何时能够运转正常。报告自己的成功。出现问题时——并且等你需要续约时——这样做就能很好地帮助你。

直效销售

客户要确保你已经了解了所有出了问题的事情。也许你已经解决了 98.9% 的问题，但是当你们坐下来审查结果时，他们会将注意力放在仍旧有问题的那 1.1% 上。处理这 1.1% 的最好方法就是自己计分。如果你已经用更高的标准要求自己了，就没有人会要求你对失败的结果负责。当你用比任何人料想的都要高的标准要求自己时，就一定会超越别人为你设定的合格线。

与客户会面时，向他们汇报你的进度并展示出一系列与你的表现相关的事实。找出所有悬而未决的问题，主动为每个问题制订行动方案，从而证明你自己在计分。如果客户看到你自己已经承担起责任之后，要求你负责的可能性就会降低。

不过，也不要忽略了为正在起作用的工作争取喝彩。如果你的计分卡显示，你已经实现了 98.9% 的目标，就争取替你为交付这些结果所做的工作——主要是你的团队所做的工作——争取喝彩。你的收入与你产生所需结果的能力成正比，结果越好，收入就越高。这就是为何对成功与失败承担责任同等重要的原因。

如何对结果负责

对卓越的成果负责，可以让你在客户眼中从一个小小的销售员转变为一位能够创造价值、值得信赖的顾问。按照下列四个步骤，为你自己的结果负责，你就能成为客户团队的战略合作伙伴

第9章
责任心：掌控你的销售成果

以及重要组成部分。

1. 从产品和解决方案转向成果

要清楚，你所销售的不再是产品或是解决方案。你所销售的是以性能加速或是业务成果改善的形式出现的结果。这种转变不难理解，难的是承担起责任并且照办。

不要确认产品是否已经按时交付，解决方案是否运转正常，要向客户核实他们是否已经实现了你所承诺的结果，解决方案是否产生了所需的结果——更大的收益、更低的成本、更强的竞争力或是其他结果。

看看你手头正在处理的交易。你真的在销售的是什么？客户真购买的又是什么？签订销售合同之后，他们的业务将发生什么样的转变？究竟哪一种业务成果可以触发这种转型？你如何确保这种情况的发生？

这些问题都不容易回答。确保实现你所销售的成果很困难，并且需要用到迄今为止我们所学的所有因素。

2. 核实、核实、再核实

你售出的结果正在实现吗？这些结果是什么？通过核实你售出的东西正在起作用，你就能够回答这些问题。致电客户，确保你售出的东西正在起作用。进行实地考察，探访那些正在使用你所销售的东西的人。即便事情进展顺利,也要为了确保没有发生变化而进行回访。

短时间内可能会出错的内容实在太多了。早期的结果也许很不错,但是很快便会消失不见。然而,你不能消失。

通过确认结果已经实现来管理结果。如果承诺的结果未能实现,就请确保实施和执行必要的改动。

核实、核实、再核实。

3. 对结果负责

无论贵公司的组织结构如何,或是项目实施计划中的责任如何定义,你最终都要对自己所售之物负责。如果你不相信我,那就问问你的客户,看看他们觉得谁应该为此负责。或者,更确切地说,问问他们当事情出了岔子的时候,应该由谁来承担责任。

一旦由你担起责任,你就会赋予自己行动,而非等待行动指令的权力。承担责任使你成为了事实上的领导者。它传递出一种讯息:"我最关心的就是客户能否获得正确的结果。"

成功要求你对自己所售的结果担起责任。如果结果无法达标,就采取必要行动做出改变。你必须对此负责。

4. 召集队伍!寻求帮助!

看看你正在实施的交易。有可能阻碍客户实现你所售结果的

第 9 章
责任心：掌控你的销售成果

问题、挑战和障碍是什么？

你不必自己解决这些问题或是独自挑起重担。在你的团队以及客户的团队中都有人能够并且应该帮助你。足智多谋的一部分就是记得你拥有资源——人。

问问自己：你需要谁来帮助你解决问题？谁在这个问题上拥有专业知识？谁拥有必要的政治资本？谁有预算？谁有权做出改变？客户团队的谁可以提供帮助？

然后，转向解决方案。不要让一个小问题发展成为更加糟糕的问题。

你销售的东西，你负责

如果无法快速解决客户的问题，你就是在向他们发送两条消息：你不在乎他们，因此不会确保他们能够得到你所售之物承诺的价值；你不知道如何修补尚存缺陷的地方（或者说缺少必要的资源）。任何一条信息都可能损害你的声誉，促使别人贬低你，导致你失去客户。一旦你意识到出现了问题，就致电客户与其会面，以便充分了解情况。接下来，联系你的团队以及客户的团队，寻找快速改进的方法。你可能需要获取更多资源，例如管理团队的成员，甚至是来自外部的帮助。你可能需要更改销售的内容。但是你必须使你的努力能够产生可接受的结果。你出售结果并且保证能够交付结果。现在你需要对它负责。

解决了这个问题之后,你就能显示出自己对客户的关心程度、你如何善于兑现诺言,以及你是如何下定决心实现这一切——这些都是客户应该选择你的绝佳理由。

再次提醒

再问你一次:你销售的是什么?你销售的是结果。而且你也必须对它们负责。

第一步——现在就开始!

现在就有被你晾在一边的人。你向他们出售了一些东西,产品交付之后你就继续大步向前了。你从未打电话去核实你所售之物他们用得如何,也不知道它们是否产生了你所承诺的结果。致电或是拜访这位(或这些)客户,跟进以确保他们正在实现他们所购买并且为之付款的结果。如果他们并未收到结果,采取一切必要行动确保他们能够得到这些结果。

第 10 章
掌握构成思维定式的因素,从而产生影响

影响力可以操纵行为,就如同水可以发电一般。

——杰夫·肖尔(Jeff Shore),
《大胆赢得销售战胜利》(Be Bold and Win the Sale)一书作者

我母亲独自抚养了四个孩子。幸运的是,她有一个很好的榜样——她自己的母亲独立养育了五个孩子。过去、现在以及将来,我的母亲都是我生命中对我影响最大的人。她是我所见过的最言行一致的人;她表里如一,言出必行。也许,当你想起销售人员时,脑海中不会浮现出她的形象,但是,作为一个预付佣金金额很低又依靠纯佣金制生活的招聘专员,她下定决心,为了养活自己的孩子们,日复一日地反复拨打电话。一段时间之后,她信心大增。现在,客户和员工都很喜欢她。她是一位伟大的销售员,因为她具有影响力。

这无关策略——仅与性格相关。她教给我的东西我铭记于心

直效销售

（即便我偶尔也需要人来提醒）。要是我能在以前意识到这些事实，我们俩都会活得更轻松一些。

提到销售员（或是依靠影响他人而生的人），人们马上会想起巧舌如簧、过分亲昵、皮笑肉不笑、皮鞋油光锃亮的骗子。而今天，影响力更多的则是取决于优良、扎实的个性。想一想对你的人生产生过积极影响的人。也许他们更接近于加州大学洛杉矶分校棕熊队的传奇教练约翰·伍登，而不是费尼尔司·泰勒·巴纳姆[1]。他们可能大多性子安静，注意力集中且值得信赖。采纳了本书介绍的原则之后，你也可以成为这样的人。

影响力的组成因素

成功销售的各项元素之间紧密相连：它们互为基础，又相互加强。把它们聚到一起，就能创造出可以影响他人的强大力量。

影响力是说服他人采取行动、展现不同以往的表现以及相信某种东西的能力。我所指的影响力并非战术影响力；它源自骨子里你究竟是什么样的人。它从成为一个值得别人向你倾诉并且值得追随的人发展而来。

这种影响力由四个基本要素组成：

---

[1] 美国马戏团销售员兼演出者。1842年在纽约开办"美国博物馆"，以奢侈的广告和怪异的展品而闻名，最有名的是假斐济美人鱼。——译者注

第10章
掌握构成思维定式的因素，从而产生影响

◎ **性格**。人们会追随有个性的人。性格是建立信任的内在力量。它反映了更高的价值观、使命、目的与信念。

◎ **表里如一**。如果你是一个表里如一的人，人们见到的就是你真实的模样。你的一言一行都与你的性格完全相符。你所展现在人前的模样与真实的你之间并不存在分裂。

◎ **信心**。有信心就是具有高度的自我肯定。你有能力创造价值，而且你自己知道。你的客户和理想客户也知道。

◎ **好感**。好感是信任的基础。人们信任你，并从你这里购买是因为他们喜欢你。一些销售人员创造价值的能力很强，但是如果他们不招人喜欢，与他们做生意不容易的话，就无法具备影响力。

我曾经有一位客户在全国范围内征求提案。这几乎明确地意味着我将失去现在正与他合作的几百万美元的生意。他邀请所有的主要参与者均给出报价。

我最后一个到场，而且只身一人，尽管我所有的竞争对手都带来了他们的团队。我没有对招标公告中指定的任何要求做出承诺——新的要求，因为这不是我的公司现在为客户所提供的服务。

客户公司的十一个人坐在董事会会议室的桌子旁，他们问我为什么不像竞争对手那样承诺实现所有的要求。

我告诉他们，他们的要求不可能实现。我将在与他们合作的

过程中收集的数据提取出来，向他们展示了他们现在的表现，以及如果我承诺满足他们的要求，他们根本不可能改善业绩甚至是保持现有水平。

我做了专业的演示，展示了一系列严肃的事实，并且说了实话，即使这十一个人不高兴听。我在冒险，知道自己正在将交易置于危险之中。尽管如此，我仍然对于自己为客户创造价值的能力充满信心。我尽量让自己的演示显得有趣以增加我的好感度。

等我说完之后，客户的律师说："第一次有一个诚实的人坐上了那张椅子。"我宁愿失去交易也要说真话的举动是我性格的证明。这改变了整场游戏。

我表里如一。我说了实话，即使实话不受欢迎——即便客户并不想听实话。我展现出自信与好感度，因此，我能够施加影响。

尽管那家公司的确选择了一家全国性的供应商，但我依旧成为了唯一一位在我自己的市场保住了业务的供应商。

影响力与成功销售的各项要素

成功销售的前九项要素放在一起组成了影响力，因为它们帮助你发展出自律、乐观、关怀以及其他影响力所需的性格特征。没有什么窍门或是策略可以取代它们，没有捷径可走。心态

第10章
掌握构成思维定式的因素，从而产生影响

元素是建立长期的销售成功记录的基础。这就是为何需要在训练技能元素之前培养心态的原因。

让我们来看看心态元素与影响力之间的联系：

◎ **自律**：自律是成功销售所需的所有品性与技能的基础。无法或不愿履行对自己所做承诺的人并不具备影响力。要想影响他人，首先就要兑现对自己所做的承诺。

◎ **乐观**。乐观的心态可以使你说服他人相信，更美好的未来不仅可能实现，而且必定实现。它使你能够创造出积极的愿景。悲观者无法影响他人，没有人会跟随一个不相信成功可以实现的人。人们追随的是相信成功不可避免的人。

◎ **关怀**。当人们知道你关心他们时，就会对你印象深刻。同样，显然不关心他们的人无法在他们心中留下深刻印象，也施展不出影响力。你的自我导向倾向越强，对别人的关心就越少；另一方面，你越是关心他人，你的影响力也就越大。

◎ **好胜心**。通过将你热切的获胜欲望转化为对于你能够帮助他人实现积极结果的能力的示范，强烈的好胜心就能产生影响力。不在乎输赢的人不会对任何人产生积极的影响。

◎ **智谋**。创造性和想象力，再加上可以解决问题、构建解决方案的资源网也可以让你具有影响力。当你创造出积极的结果，开辟出一条全新的道路时，你会变得极具影响力。

◎ **主动性**。积极主动，先发制人就能影响他人。事实胜于

雄辩。与主动相反，冷漠会破坏你影响他人的能力。没有人会受自满情绪的影响。

◎ **毅力**。不屈不挠的精神——坚持下去的决心和意愿——会给他人留下深刻印象。你的坚持可以增强你的影响力，因为人们知道，当其他人全都放弃努力的时候，还能指望你坚持下去。

◎ **沟通**。良好的沟通能力可以帮助你传达出你关心他人、对他们心存好奇并感兴趣，而且你会开诚布公地与他们对话的信息。真正了解你的客户——他们的世界、观点、想法和价值观——将使你更具影响力。

◎ **责任心**。只有当你关心客户的业务并且采取了一切必要行动来确保他们能够获得花钱购买的结果——以及更多——时，你才具备影响力。责任心是一种关怀的行为，关怀创造了影响力的基础——信任。

如何成为具有影响力的人

只需两步就能成为具有影响力的人，而且这两步很容易理解。但是想要使它们变得完美，你可能需要花费数月、数年、数十年甚至是一生的时间——因此，你越早开始越好。

第 10 章
掌握构成思维定式的因素，从而产生影响

1. 从成功销售的九个心态元素开始

的确，常规性的窍门、技巧、花招以及所谓的影响力秘诀都有可能帮助你在某些时刻说服——或是欺骗——某些人。但是，没有哪条捷径可以帮助你获得成功销售所需的那种影响。要建立这种影响，你需要成为一个值得倾诉、值得跟随的人。

这种影响力，真正的影响力，与骨子里你是什么样的人有关。它与你的诚实、正直、你的关怀和乐观以及很多东西有关。它与掌握构成本书前半部分的九个要素有关。

2. 建立经验证的结果的记录

当你创建成功的记录时，就能提高你的影响力以及说服他人的能力。交付结果的历史证明，你具备帮助他人实现目标的必要经验和技能。

这并不意味着你需要看起来很完美或是不能出现失败。有时，较之假装摆出完美之态，公开谈论失败更能说服你的客户。只要确保你在讨论失败时，能够展现出你从失败身上学到的经验教训。这能使你将失败转换为证明你身经百战并且因此变得更加聪慧的伤疤。

列出你的个人成就。写下你已经完成并且能够赋予你必要经验的事情。列出你的失败以及它们给予你的教训。如果你没有花时间将它们编成失败宝典，现在就开始动手。日后你会感谢我的。这是一项有力的练习。

　　这九项心态品质不仅是你需要背熟并且能够渗入销售演示当中的技巧。它们还构成了你，因为你必须将它们内化，使它们成为在任何情况下，你所有的想法以及与所有客户以及潜在客户相关的行动的基础。如果能够让它们成为你日常生活的一部分，一种你甚至不必再去想便能做到的部分，就再好不过了。它们应该从你心底最深处流淌而出，自然地、毫不费力地传递给他人。

　　通往成功销售的道路必定需要影响他人的能力。没有正确的心态就无法对他人施加影响。

第一步——现在就开始！

　　对你影响最大的人是谁？因为他们的性格，你会毫不含糊地信任并且跟随的人是谁？列出使他们成为具有真正影响力的人的五个特质。然后找到你需要发展的那些特质，列出以他们为榜样，你需要采取的行动列表。他们做过的事情当中，哪些是你应该做的？

PART TWO

第二部分

技能组合：成功销售的能力

要想实现销售成功,你就需要知道如何实现特定的结果。实现这些结果需要一定的技能组合。缺少了其中任何一项技能,你的销售业绩就会大打折扣。

这部分从几个世纪以来,销售人员所需的基本技能开始:锁定交易、寻找潜在客户以及讲故事(我们现在称之为呈现)。这些技能是永恒的,每一项都要求你表现出非常高的能力。

我们将从这些基础技能转向更具挑战性的成果和更高水平的技能。我们将讨论诊断与谈判,这两项技能都很必要,在复杂的 B2B 销售中尤其如此。

对于销售人员而言,最后三项是全新的新技能。它们建立在这一部分的前述几项技能的基础之上,但是级别却要高得多。它们尚未被普遍教授、指导、训练或发展——但是应该这样做!我们将首先谈论商业头脑,它使你有能力为理想客户创造真正的价值。改变管理可帮助你创建改变的理由,并在潜在客户中找到共识。你需要了解领导才能,来发展出引领你的团队——以及客户的团队——的技能,即便你没有明确地获得一个承认你是正式领导的头衔。

这一部分的最后一章讨论了差异化。读完这一章，你就将成为一个能对理想客户有所贡献的人。你将成为一个值得客户掏钱购买产品的人，你也将具备创造机会、赢得交易以及向客户交付成果所必需的有技能的人。

第11章
谈妥交易：要求并获得对方承诺

销售并非你对他人所做的事，而是为了别人或是与其共同完成的事。

——安东尼·伊安纳里诺（Anthony Iannarino）①

亚历克·鲍德温在1992年的电影《拜金一族》中的表演令人难忘。他所饰演的布莱克是一名顶尖的销售人员，他被派去改善一组表现欠佳的房地产销售人员的业绩。布莱克反复向他们灌输那个时代的销售智慧：A-B-C ["一定要成交（always be closing）"] 以及 A-I-D-A ["关注、兴趣、决定、行动（attention, interest, decision, action）"] 换句话说，推销、推销、再推销：一定要成交！

然而，待到电影发行时，现实世界已经发生了转变。1988

---

① 因为你所读到的多数有关交易结束的材料事实上都对你有害，因此我必须引用你们的话，好让你们一开始就能顺顺利利。

第11章
谈妥交易：要求并获得对方承诺

年，尼尔·瑞克曼（Neil Rackham）的书《销售巨人》（*SPIN Selling*）研究了成交与销售之间的关系。他的结论很有趣。尽管采取更多成交行为确实会带来更多的销售，但是只有在价格和风险都相对较低时才是如此。瑞克曼的研究表明，对于较大额的销售而言，情况恰恰相反：随着价格与风险的增加，咄咄逼人的成交行为反而会开始妨碍销售人员的工作。不幸的是，许多销售人员、销售培训师以及销售领导将其解释为他们应该"一定不能成交"，而非"一定要成交"。

这就是为何你也许说过（或是听人说过）"我不想表现得太具有推销的意味"或是"我不喜欢要求别人做什么，我想给人留下咨询师的印象"这类话。

这种思维方式会让你变得不够强硬——你也许会发现自己害怕说一些可能让客户或是你自己觉得不舒服的话。这肯定会降低你的效率，延长赢得交易所需的时间，最终在客户和公司的眼里，你就会显得表现欠佳。

有效销售就是获得承诺。这并不意味着你自私、会摆布人或是不道德。你仍然可以在要求获得所需的一切承诺的同时，保持你完美的专业咨询销售员的形象。

尽管在要求获得承诺（尤其是购买承诺）时，你的确可能会过早地提出过多要求，但是恐惧却会使你动作不够快，走得不够远。这是种寻求平衡的行为。你不能听从布莱克的建议，将推销的内容硬塞进客户的喉咙，但是你也不能不够强硬，不断避免提出所需的承诺——你需要得到不少承诺。事实上，一共十个。

成交所需的十项承诺

许多人认为，成交就是获得最终承诺，那个购买（或决定）的承诺。事实上，成交远比这要复杂——它涉及获得对于创造和赢得机会而言至关重要的所有承诺。成交分为几个阶段：每当你要求客户决定继续前进时，就会进入一个新的阶段，无论你处在销售过程的结束、中间，还是刚刚开始之时。

让我们来看看成交所必须获得的十项承诺。

1. 时间承诺。 除非客户承诺为你留出时间，否则你不可能创造出机会。你会在寻找潜在客户的过程中获得这一承诺，对于专业销售人员而言，寻找潜在客户十分关键。你必须在销售过程的早期要求并确保获得潜在客户的时间承诺。有时，这可能会是最难获得的承诺，因为潜在客户很忙，因为预算问题的限制，也有可能是因为厌倦了与糟糕的销售人员打交道。

2. 探索承诺。 当你完成了发现阶段的工作，你的客户自己正在进行关于他们自身或是关于你的探索。你需要他们做出承诺，去探索你们可能会采取的用以改变和改进的方式的探索。

3. 改变的承诺。 如果你的潜在客户没有承诺会做出改变，

第11章
谈妥交易：要求并获得对方承诺

那么摆在你面前的是线索，而不是机会。此时，不论是他们的需求、预算限制，还是你能为他们创造的价值都没有任何意义。你必须首先确保他们承诺会做出改变。

4. **合作的承诺**。也许你拥有世界上最好的解决方案，但是除非你的理想客户将他们的想法增添进来，将"你的"解决方案变成"我们的"，你就没有站对地方。对于自己需要什么以及如何实现，你的潜在客户有他们自己的想法。请他们与你合作，共同构建解决方案。

5. **达成共识的承诺**。赢得一个复杂的巨大机会，需要你获得理想客户内部的承诺，以及其执行团队、个人利益相关者及其所代表的集团的承诺。得到承诺，与采购委员会的全体成员以及将受你交付的结果影响的那些人碰面。

6. **投资的承诺**。你的理想客户必须承诺投入时间、精力和金钱来实现预期结果。这一点至关重要。如果无须投入便能得到相同的结果，他们早就这样做了。

7. **审查你所提出的解决方案的承诺**。所有参与决策的利益相关者都必须审查你所提出的解决方案，所以，你可以采纳他们的意见并有机会进行调整。一旦确定你的解决方案符合潜在客户的需求，并将产生预期结果，就要求客户承诺对其进行审查。

8. **解决问题的承诺**。你需要潜在客户承诺将对你的演示提供反馈，以便解决他可能存在的任何忧虑。提供证据，一步步地带领客户制订执行计划或是仅仅花时间回答他的问题就能解除这些忧虑。永远不要在做完演示之后拍拍屁股走人,一定要请他们承诺会再次开会讨论任何他们所担心的问题。

9. **决定(或购买)的承诺。**你需要得到共同前进的承诺。这个特别的承诺就是我们所说的"成交"。得不到这项承诺,你就一事无成。然而,人们往往错误地认为这项承诺是唯一重要的承诺。事实上,早期的承诺同样重要,而且往往更难获得。

10. **执行的承诺。**至此,你已经做成了买卖,现在你必须帮助理想客户执行,并确保他们能够得到你所售的结果。这就意味着你必须要求他们进行必要的能使你执行的改动。他们的执行承诺与你的一样重要。

获取承诺,创建价值

要想获得潜在客户的承诺,你首先必须赢得向他们提出要求的权利。如果你已经为理想客户创造了价值,并且能够解释携手前行时他们将得到的进一步的价值,那么你就有权利和义务要求他们做出承诺。但是在此之前,你必须完成一些必要的工作。

在这一过程中的某些时刻,通过客户的眼睛来检查你的互动情况。寻求机会展示你对他所处境况的了解以及你不断创造价值的能力。下面是几则例子:

第 11 章
谈妥交易：要求并获得对方承诺

◎ 当潜在客户刚开始意识到自己需要改变时，帮助他们探索和理解当前问题以及改变的需要从而创造价值。（承诺1，2和3）

◎ 一旦他们了解自己需要改变，帮助他们决定他们需要什么才能前进到一个更美好的未来。（承诺2，3和4）

◎ 当他们开始评估可选项时，帮助他们了解可选范围内的各种选择。明确区分你与竞争对手所提供的产品。（承诺5，6，7和8）

◎ 当他们试图做出明智的决定时，帮助解决他们所关心的问题并降低风险。（承诺5，6，7和8）

当你将在一次销售互动过程中所创造的价值与你将在下一次互动中所创造的价值联系到一起时，就更容易获得承诺。要想在每次销售拜访时都能创造出价值，沿途的每一步，你都必须让潜在客户或客户处于比之前更好的位置。这种"价值链"可以使你的理想客户更容易在每步都点头说"好的"。一旦知道你在每次销售互动中都创造了价值，你就能自然、舒适地要求与对方做生意了。

要获得承诺，你需要能够解释继续前进的价值。这在销售周期结束时很容易实现。当你手头有具有投资回报率的分析时，就很容易解释继续前进的价值。但是在销售周期伊始以及介于开始和结束之间的所有小步骤呢？

每个销售电话都必须有自己的价值主张。如果你要求与对方初次会面的机会,就必须承诺向理想客户提供一些他们可以使用的好点子——不论他是否聘请你来做此事。如果你的理想客户给你一些时间去见见额外的利益相关者,你就必须承诺,你将协助他在该组内建立起共识,使他更容易开展工作。

在销售周期的探索阶段,给你的理想客户一个了解所处情况的全新视角,一个对于不做改变的更深刻的理解,一个他的未来可以变得如何更好的清晰愿景。这些都是能够创造价值的结果。

也许你需要从其他利益相关者以及在客户公司内能够影响决策的人那里获得更多信息。如果客户让你有机会接触到了额外的利益相关者,那么他们能得到什么好处?你可以更好地了解他们的需求,并建立日后可以帮助你提供最佳解决方案的人脉关系。这就是他们能够得到的好处。当你要求客户承诺允许你接触具有影响力的人时,这就是你应该做的宣传。他可以告诉客户你打算创建的价值。

价值、价值,还是价值

无论销售的规模是大是小,你都必须要求并获得客户同意与你做生意的承诺。事实上,在长期的销售过程中,你将要求客户做出许多承诺。每项承诺都是成交;所有的承诺都是为客户创造价值的机会,而创造价值能够带来销售和满意的客户。

第 11 章
谈妥交易：要求并获得对方承诺

提高成交能力的三种方法

本章提到的所有承诺都很重要。然而，这一章的重点是成交，因此，我们必须处理要求客户与你做生意的问题，并且要以正确的方式实现这一点。

你做得对，应该抵制强硬的推销技巧。以某位伟大的历史人物的名字命名的成交——如"本·富兰克林交易"——或是有着其他花哨名字的成交，都已不再有用，对于那些 B2B 环境下工作的销售人员尤其如此。如果这些技巧出现在了一本"傻瓜"书中，就根本于你无益。事实上，它很可能会制造阻力。

过去的强硬推销技术也许已经死亡，但是要求客户做出承诺的需求却依然存在。下面的一些强大工具可以帮助你在不破坏客户信任的情况下，要求他们做出可以带来交易的承诺。

1. 了解你的结果

你真的知道你想要寻求的具体结果吗？人们往往将活动误认为结果，但其实它们并不是一回事。销售拜访是一项活动而非结果。销售拜访的预期结果是获得推动机会的承诺。

在每次进行销售拜访之前，定好你想要实现的结果，并记住，这个结果必须始终是能够推动销售的承诺。人们在计划销售拜访之前往往最容易忽视这一点，但这其实最为重要。

直效销售

我常常听见有销售人员说:"他们喜欢我们!他们喜欢我们所做的,他们与我们的价值观是如此相符。这次会议很棒。"当我问他们得到了什么承诺的时候,答案是"他们说很快就会给我们打电话"。他们没有要求客户做出承诺,也没有得到任何承诺。这位销售人员失败了,而且因为他推迟了可以做出承诺的时间,也让理想客户对他感到失望。

列出销售周期的各个阶段,写出从最初到最终成交,为了推动成交,你需要获得的所有承诺。每次销售互动之前都以这张表为参考,这样你就能知道你打算获得何种承诺了。

2. 使用自然、诚实的语言

最好的成交语言是具有他人取向而非自我取向的语言。不要耍花腔或是试图操纵别人,使用诚实、自然的语言,简简单单地要求与客户做生意。要礼貌、专业、直接。你也许会这样说:

感谢您允许我在今天提出我们的解决方案。我们整合的内容将帮助您实现在这一过程中,您与我们所分享的预期成果。我想让您知道,我们将为成果中我们的这一部分负责——并且交付成果。如果我们所做的一切已经足够赢得你们的合约,那么,我想请求您给我们这个机会,协助完成这个项目。我们现在可以开始处理这个项目了吗?

如果潜在客户表达了他们的反对与忧虑,不要担心,这也许

第 11 章
谈妥交易：要求并获得对方承诺

是一件好事，因为现在你可以开始努力解决这些问题。如果他们没有任何反对意见，但你仍然没有得到签署协议的承诺，你可能会问："还需要我们再做些什么吗？"但是无论他们对于你的演示做出了何种回应，一定要在离开会议室之前说："我们真的希望有机会与你合作，我们不会让你失望。"

通过直接要求与客户做生意，你可以向他们证明自己是真正想要与他们合作，并且可能直接帮助他们实现目标。你证明了自己是一个强大的竞争者。前面所列的成交语言所假设的前提是复杂的销售。在交易式销售中，价格和风险都很低，你可以在过程更早的阶段更直接地要求与客户做生意，因为创造的价值更少。你可能会这样说：

我们掌握的内容足以在这方面帮助你。现在可以下订单让我可以开始为你工作了吗？

这就很简单、直接、专业。它能建立起客户的信任，展示你的专业精神。

3. 创造价值之后要求获得承诺

只要你赢得了要求客户做承诺并且得到承诺的权利，成交很容易便能自然得到——在每一次销售互动期间创造价值就能做到这一点。

列出客户同意在销售中再向前迈出一步后能够收获的益处。

如果你不确定该写些什么，就问问自己下列问题：

◎ 如果客户同意与我一起前进至销售周期的下一阶段，他们将如何从中受益？他可以从中获得什么？

◎ 如果在某个时候，客户在这一过程中未能向前迈步，他是否仍然能够因为自己所投入的时间而收获良好的价值？

◎ 我如何才能确保这次会议让客户觉得不虚此行？

回答这些问题可以帮助你要求客户做出承诺，并且相信你的理想客户会点头答应。

成交是你必须拥有的第一项技能或品性。并非因为你需要成交，而是因为你需要获得承诺来开启携手工作的可能性。这是你必须获得的第一个也是最关键的承诺。其他的成交都紧随其后。

第一步——现在就开始！

我真的希望你现在就能按照本章的想法采取行动。看看你的销售渠道中的积极机会。找到那些你尚未为潜在客户设定承诺的交易。在每个人的名字边上写下你需要他们做出的承诺（或是将其输入你的客户关系管理系统中）。拿起电话，给列表中最大、最重要的机会打电话，并请他们做出本该在上次会面结束时就要求他们做出的承诺。

第 12 章
寻找潜在客户：建立关系、创造机会

寻找潜在客户是你所在公司的生命线。做得好，就会得到充沛的资源；做得不好，生意就会失败。没什么秘密。

——迈尔斯·奥斯丁（Miles Austin），www.fillthefunnel.com

也许你认为我们往往应该在成交之前先寻找潜在客户，但是为了创造机会，你必须能够要求潜在客户做出并且获得前两项在将领先优势转换为真正的潜在客户身份所必须的前两个承诺：潜在客户的时间承诺与共同探索的承诺。不幸的是，两者都变得越来越困难。

过去二十年间，由于全球化、互联网以及一些主要的经济衰退，商业环境已经发生了根本性的变化。因此，我们不得不对我们的销售方式进行大幅改动。

全球化迫使我们参与了世界市场的竞争。当整个世界变为一座"城镇"时，你已经不再是"城镇中的唯一选择"。如此之

直效销售

多的销售人员与销售机构追在同一位客户身后,不论对于哪一位竞争对手而言,在人群中脱颖而出都变得日益困难。如果对你而言,情况尚未如此,等着瞧吧。这一天终究会到来。

互联网已经改变了权力之间的均势。尽管过去往往是由卖家控制信息,但是互联网使得买家能够获取信息,能够获得的选择比以往任何时候都要多。而且买家更容易找到一个看起来与你很像的可以向他们出售他们所需物品的人,如果他们觉得你没有公平对待他们。

更糟糕的是,美国刚刚经历了始于大规模经济衰退,也终于大规模经济衰退的十年。在这些经济低迷的时期,公司把削减成本当成了生存的手段——这种做法有增无减。采购部门与首席财务官获得了权力,销售人员现在面对的买家比以前更关心价格。即便买方无须负责从财务方面对交易做出评估亦是如此。今天,"技术"人员以及运营团队也关心价格。我将这种新的买家心理特征称作"后经济衰退期应激障碍"。它使得所有人都专注于价格而非成本。

所有这些变化的结果就是,要想获得理想客户的注意变得极其困难,更不用说获得他们的时间承诺了。创造机会变得更加困难——但是要是没有这些机会,你就无法产生结果。

第 12 章
寻找潜在客户：建立关系、创造机会

开放就是新的成交

理想客户公司中的联系人比以往任何时候都要繁忙。他们遭到精简、被下岗，并被无数次重组，已经犯不起错——或者说没有时间犯错。他们也面临着巨大压力，需要能够产生财务结果。即便你的联系人没有什么法定权力，也必须对损益表上的一行负责。

理想客户公司内部的联系人没有时间与销售人员会面，那些现在无法帮助产生更好结果的人尤其如此。他没有时间应付专业观众与浪费时间的人。他拒绝了你要求见面的请求，因为所有销售人员均遭到了他的拒绝。因为无法分辨究竟谁能够真正创造出价值，他干脆拒绝了所有人。

机会的匮乏可能会使你更有可能去追求不合格的机会；毕竟，在饥饿的人眼里，不论什么看起来都像是一顿美餐。但是这只会浪费你的时间，而不能让你更加接近自己的目标。

在目前的市场中，制订一个可靠的寻找潜在客户的计划至关重要。如果你没有计划，没有目标，你的努力就将前后矛盾、毫无效率。你会变得忧虑并且开始追逐不合格的机会——浪费时间、耗费气力而且实际上绝对会失败。因此，坐下来，制订一份能够在现在产生结果的、周到的有意寻找潜在客户的计划至关重要。

直效销售

制订寻找潜在客户的计划

你必须持续、有意地去寻找潜在客户,脑海中始终都要有一个明确的目标。下面的计划包含五点,它将帮助你获得成功。

1. 确定目标

制作理想客户列表,将那些一旦公司决定更换新的合作伙伴(也就是你)之后,每家公司中所有可能会受到影响的人也包括进去。认真地全面考虑这张表,如果选错了目标,就不可能成功。名单上的公司现在正在面临你有能力解决的种种问题和挑战吗?你的价值主张是否足够引人注目,能够让他们很快意识到它的价值,并愿意花钱购买?

对于多数销售人员而言,一张包含60位理想客户的列表是个不错的开始——你可以每周联系15人,同时仍有时间进行其他寻找潜在客户的工作。按照这个速度,你每个月都可以将一些有价值的信息传递给全部的60人。

将可以应用到你所在行业的一切找到目标的方法全都纳入进来。可以包含下列这些方式:

◎ **客户推荐**。没有什么比现有客户或是顾客的推荐更为有利、更加有效了。请你的现有客户或是顾客将你推荐给一些你可以为他们创造出类似价值的人。一些销售人员对于请客户做出

第 12 章
寻找潜在客户：建立关系、创造机会

推荐存有抗拒之心。我发现害怕和抗拒拨打无约电话的人就是他们。不应该好好思索一下吗？在销售中，客户推荐与无约电话都绝对必要。要想成功地销售，你就必须拿起电话，请客户为你推荐，就像你需要拨打无约电话一样。

◎ **供应商推荐**。向贵公司销售产品和服务的供应商拥有自己的销售人脉。请他们为你介绍，你也与他们分享你的人脉。当你与供应商有一些目标相同时，交换引荐成效显著。

◎ **无约电话**。拿起电话拨打无约电话可以非常有效地带来新业务，效果仅次于推荐。这就是为何这必须是你的武库中的一项主要工具的原因。如果你的计划之中没有包含拨打电话，你能产生的结果就会大打折扣。如果在如何拨打无约电话方面需要帮助，可以登录 http://www.thesalesblog.com/resources 下载我的电子书《如何破解并掌握无约电话拨打技巧》（*How to Crush It, Kill It, and Master Cold Calling Now*）

◎ **社交活动**。社交活动让你有机会面对面地见到理想客户。找出目标客户可能会参加的本地商业社交活动，将它们增添进你的日程安排表并且参加这些活动。

◎ **会议与商展**。会议与商展是与理想客户同处一室的好机会。当然，你必须创造出真正的销售机会来证明你有理由参加会议或是商展。幸运的是，你的理想客户也必须与能够帮助他们的人碰面——也就是说与你碰面——从而证明他们此行非虚。这一次，他们见到你的渴望也许与你相同。利用此次机会，提前获取参加者列表并做好会议安排。

◎ **社交媒体**。如果你喜欢使用社交媒体，也许就会过于依赖它，将它当成入境线索生成器。如果你厌恶社交媒体，也许就会忽略最为有效的工具之一。你的计划当中必须包含社交媒体，但是它不应占据计划的全部。使用领英、推特、脸书以及任何其他可以使与人分享想法、表明你能够创造价值变得有意义的社交网站。推广你的想法将会使得创建关系变得更加容易。

◎ **电子邮件**。电子邮件仍然有效——如果你的电子邮件有个强大并且尽可能简明的主题，并且邮件正文能够提供有价值的信息而非"要求"的话。然而，邮件中还应加上一条非常简明的文字，说明你将打电话提出要求。电子邮件在寻找潜在客户工具的列表中排在很后面，因为它不再像以前一样有效，至少对于B2B销售机构来说的确如此。躲在电子邮件后面的销售人员太多了，而大多数这类邮件都被滤掉了。

◎ **邮件**。与手写的便条完全不同，优秀的老式便条与信件仍然有效。考虑用它们来真正帮助你培养人脉。

2. 重视培养与理想客户之间的关系

在销售中，培育可以被定义为"先创造价值，再提出价值诉求"。不论理想客户是否聘请你，将自己那些能够对他们产生

第 12 章
寻找潜在客户：建立关系、创造机会

积极影响的想法与他们分享，这些想法往往可以创造价值，从而在你们的关系账户中存入资金。许多销售机构认为应该保留自己最好的想法，但是不与人分享，你就无法证明自己有能力创造价值，带来改变。

列出手边可以使用并且能够证明你能够创造价值的想法和工具。例如，也许你的公司已经制作了一份与包含与理想客户相关的想法的白皮书。将它连同一份用手写体标明其中最为显著的部分的便条一同送给他。你是否对所在行业或是理想客户所处的行业进行过研究，这些研究可以为他们的业务方式带来积极的变化，或是激励他们做出具有建设性的新决定吗？你的经验是否允许你提供一些值得分享的独特见解？

首先，找到你可以用来创造价值的十二个工具，并决定如何使用这些来培养理想客户。然后，在日程表上记录下你将使用每个工具来创建价值的时间。你很快就能从无名小卒变身为知名的价值创造者。

3. 构建活动

寻找潜在客户是一场活动，而不是一个事件。它是一系列可以带来对话与机会的"接触"，让你能够弄清楚可以在何处怎样进行改变。

你的初次"接触"也许是领英上的好友申请，随后是一封包

含一些价值创造内容的私人电邮——没有任何"要求"。你可以紧接着寄去一封白皮书或是个案分析，与对方分享一个伟大的想法，还是不要提"要求"。再然后可以打电话要求简短会面。我发现20到30分钟是多数人都会同意的低级的承诺，多半是因为如果他们发现销售人员在浪费他们的时间，就能很快闪人。

然后你就可以开始构建活动了。在十三周内争取联系潜在客户八次。数字八表示你承诺进行联络，而且你将坚持下去。它也说明，你关心改进和结果。往往销售人员在进行过一次沟通之后便会走开。或是他们试图每天都会打电话安排约会。构建活动的诀窍就是为每一次的接触提供价值。只在其中的两次接触中直接要求会面。其他六次是在不提"要求"的情况下向潜在客户赠送价值。记住，我们正在创造价值，这样，我们在日后将赚得获取价值的权利。这是一场活动，而不是一个事件。

4. 使用预先设计好的对话

与潜在客户的最初对话至关重要，因为你只有一次机会能够留下良好的第一印象。提前设计好对话，确保你使用了最有效的语言，从而保证客户对你印象深刻。

在打电话或见面之前，先写好将与寻找潜在客户进行的对话并大声练习。也要练习如何应对断然拒绝与反对。

一直练习到完美状态，然后放松下来。不要一段接一段地背

第12章
寻找潜在客户：建立关系、创造机会

诵段落。你需要一个脚本，但是不能听上去在背台词。

5. 让寻找潜在客户成为每日的功课

如果你有60位理想客户，向他们每人发送一份能够创造价值的电邮可能要花上一整天的时间。这不切实际，你做不了其他事情。但是，你可以每周向15位理想客户各发一封能够创造价值的私人电邮，60个人正好一个月轮换完毕。

你还可以在接下来的一周跟进致电这15位潜在客户，这就相当于每天写三封能够创造价值的私人电邮——拨打三通电话——一小时就能轻松搞定。

分两步完成寻找潜在客户的计划

如果不付诸行动，最好的寻找潜在客户计划也是白搭。下面的方法可以将寻找潜在客户变成优先事项：

◎ **将寻找潜在客户排在第一位。**你不能搞突击行动。必须每日进行，定好每天完成这项任务的时间。

◎ **持之以恒。**你无法控制理想客户对现状不满，打算做出改变的时间。但是只要他稍有不满，就会同意你的请求。你无法预测可能发生的时间，因此永远都不能走开。无论发生什么事，都要坚持给理想客户打电话。

直效销售

◎ **改变方法**。多数销售人员都会使用一种让他们感到最舒适的方法来寻找潜在客户。但是潜在客户不一定喜欢这种沟通的方式。他们只会回应自己所选的频道，因此，你必须用上所有方式。这其中就包括电话，即使你很年轻，而且十分讨厌拨打无约电话。这里面也包括领英以及其他社交媒体，就算你已经长出了几根白发，而且对这些新式沟通工具并不感兴趣，在将每一位最佳潜在客户发掘出来之前，请使用所有工具。

◎ **区分研究与寻找潜在客户**。研究是一种工作，而寻找潜在客户则是另一种，将两者混为一谈会减缓你的进程。区分研究与寻找潜在客户可以加快你的进度。花些时间建立理想客户名单以及在这些公司所需的潜在联系人名单。那时，只有到了那时，才能开始寻找潜在客户的工作。如果需要做更多的研究，那就投入所需的时间，然后回到搭建人脉的工作上来。

◎ **消除分心之物**。进入寻找潜在客户的状态时，请关闭电邮、互联网和智能手机，集中注意力。告诉同行你现在新定了一条纪律需要他们的支持，稍后你会联系他们，然后在门口挂上"联系客户中，请勿打扰！"的牌子。如果没有办公室，就用线将这块牌子挂在桌子上。你越重视寻找潜在客户的工作，收获就越是丰厚，结果实现得也越快。

◎ **自己制订计划**。不要通过查看其他销售人员的工作来衡量你需要投入其中的工作量。我认识的一位销售人员轻轻松松就

第 12 章
寻找潜在客户：建立关系、创造机会

能联系上 40% 的联系人。但是如果别人拨打的电话像他那么少，也许就会一无所获，因为他的方法 / 产品 / 价格和其他因素的组合与众不同。你必须投入对你而言必要的时间。做你需要做的事，并坚持你的计划。不介意别人在做什么。

◎ **关注结果**。在经历寻找潜在客户阶段的起伏之后，永远紧盯你的奖品：一次会面。清楚只要坚持，就能得到见面的机会。

不要拖到需要的那一天

你在销售领域的第一个挑战就是创造足够的机会。这完全取决于你如何投资时间、精力、决定以及你如何计划和执行寻找潜在客户的活动。

总有一些可以做的事似乎比寻找潜在客户更重要。堆放在办公桌上的文件或是电话中的指令以及收件箱中的电邮似乎总是更加紧急。这是因为寻找潜在客户似乎从未真正显得十分紧急——直到你意识到的那一天。不幸的是，一旦你迫切需要寻找潜在客户，一切为时已晚。毫无疑问寻找潜在客户需要很多纪律。但是，正如我在第一章中所说的，自律是销售和生活成功的基石。

你必须进行足够的寻找潜在客户的工作来创造你需要的机会

直效销售

完成你的配额。你也需要进行足够的寻找潜在客户的工作来建立一个渠道，这样就算失去了机会，也能够在成交率上遥遥领先。寻找潜在客户是营造销售冠军的纪律。

第一步——现在就开始！

拿起电话，致电排在列表前三位的理想客户。就在这一刻。不论成败，寻找潜在客户需要你采取行动，而这是安排与潜在客户会面的最快、最可靠的方式。什么？现在是晚上，你已经下班了？那就明早一开始就完成这项任务。不要欺骗自己了。开始工作！

第 13 章
讲故事：创建并分享愿景

> 故事带领我们跨越数字，进入情感的世界。在商业中使用的优秀故事随时都能击败电子表格。
>
> ——克里斯·布罗根（Chris Brogan），
> 《影响力》（*Trust Agents*）一书作者

第 9 章开篇的时候，我曾要求你完成句子"我销售——"，然后我指出，正确的答案总是"结果"。所有销售人员销售的都是结果，而且只有结果，虽然这些结果可能由机器、铅笔、计费软件、临时雇员、冰激凌或是卖方实际交付给客户的任何东西产生。

你销售的是结果——没错。但是如何销售结果？可以通过讲述一个能为客户勾勒出更美好的未来的故事来销售结果。

讲故事是三项基础销售技能中的最后一个，前两项是成交（获得承诺）以及寻找潜在客户（创造机会）。尽管我将讲故事放到了最后，但这并不意味着它应该被归入过程的结束阶段。完全不是这样——从一开始你就应该讲故事。

故事是什么又不是什么

故事是一个可能的愿景，讲故事是分享这个愿景的过程。它不仅仅只是一个有趣或是戏剧性的故事，或是用公司的创立故事以及布满你与之合作过的所有大公司的标志，能让理想客户泪流满面的一页幻灯片。讲故事不仅仅是用流畅的手势、巧妙的措辞和精彩的图片来完成一次演示。

故事是一个可以传达信息或意义的叙述。你的措辞、图像，甚至是数字都能将听众从一处时空带至另一处。你的故事展现了潜在客户如何从现状转向更美好的未来。

无论是有备而来还是临场发挥，不论你使用了演示文稿、在餐巾上手绘还是完全没有使用插图，你必须带上潜在客户踏上旅程，让他们感动。有效的故事总是能挑起情绪。

什么样的故事才算精彩

人类自古就会讲故事。其中最伟大的一个是荷马的《奥德赛》，一个关于斗争、危险、冒险和爱情的史诗故事，当奥德赛

第 13 章
讲故事：创建并分享愿景

得到了一直在寻求的结果时，故事到达了高潮。英雄回乡，杀死恶棍，拯救了妻子并与儿子团聚。与所有伟大的故事一样，《奥德赛》有愿景、价值观和结果。它的主角是一位面临挑战，并且一路上得到他人帮助的英雄。

说给潜在客户听的任何故事都必须有一个英雄（你的客户），这位英雄必须得到了巧妙的帮助（来自你的帮助）。在向着期望结果前行的旅途中会出现恶龙，而你将与客户一起斩杀恶龙（解决问题）。故事还必须能够代表你的价值观以及表明你为何以这种方式做必须完成的事情的根本原因。故事的结果必须是关于客户未来的愿景，展现出如果他允许你协助他一路前进，将会遇见的美好的事情。总之，一个伟大的故事包含下列内容：

◎ 一位英雄

◎ 一位助理

◎ 各种挑战

◎ 一条"龙"

◎ 一个愿景

◎ 各种价值

◎ 美好的结果

在说给潜在客户听的故事中，英雄陷入了困境：销量下滑、软件的设计能力无法处理他们面对的信息流、员工流失、成本激增——许多问题浮出水面。英雄也许试图独自前行或是在他人的

直效销售

帮助下向前迈进，但却总是被挡了回来。现在，你到达现场，拔剑出鞘（解决方案）帮助英雄继续前进。

通常在某个时刻会出现一条龙（如果不出现一条可怕的恶龙，威胁说要毁灭包括英雄在内的眼前一切，故事就会很无聊）。这条龙也许是你销售给英雄的软件包中的一个意想不到的故障、一场经济危机，或是偷走了客户的市场份额并给他赚取毛利带来压力的竞争对手。始终忠诚如一的你与英雄并肩作战，你对恶龙进行分析，准备出一个行动计划。一向资源丰富的你提出了一个很好的解决方案。如果这个计划失败，你就会不断想出新的点子，直到最终成功屠龙。

现在，英雄可以耀武扬威地向一个更美好的地方前行了。危机已经消失，英雄将享受一个更为快乐、更有利可图的未来。这是"英勇征程"的典范，是迄今为止最强有力、最持久的故事形式之一。星球大战系列电影就套用了相同的公式。因此，你可以把客户想象成是天行者卢克，而你自己则是尤达大师。（向 Duarte Design 公司的南希·杜瓦特致敬，她为我们带来了观点上的转变，认为我们销售人员才是天行者！）

精心编写你的故事

尽管使用这样的故事可能会让你感觉自己在向客户讲述一个

第13章
讲故事：创建并分享愿景

童话故事，但其实不是。你只是在借用一种强大的形式使困难的问题变得更容易理解，更可视化，更容易引起情感上的共鸣。

你的故事最有可能采取个案史的形式——与你合作过的一位客户或是一家公司的故事——或是愿景故事的形式，在不提及其他人的情况下，为客户描摹一幅未来的愿景。

在串联故事的时候，需要考虑下列内容：

◎ **始于未来**。重述客户已知自己正面临的问题或堆砌与贵公司历史有关的事实，这种做法极具诱惑力。但是这些老掉牙的方法既无聊，又惊人地无法激人奋进。相反，在故事开篇就描绘一幅与结果有关的美景——你将帮助客户实现的美好未来与奇妙结果。一定要让他当主角。

比如这样："销量激增。新客户正在聚拢。钱包份额不断增加。"或者："生产吞吐量已达到105%，不再需要加班，奖金已经恢复。"

◎ **描述如何到达愿景的彼岸**。向理想客户解释，为了产生必要的结果都需要些什么，现实地讨论需要完成的工作。在详细介绍如何一起生成这些结果时，就有机会将自己与竞争对手区分开来。你还可以解释为什么要做出某些选择，为何要以某种方式提供服务。这让你的理想客户清楚地知道你将创造的价值。

你可以这样说："销售队伍重新接受了培训。他们拥有了新的心态、新的技能集以及产生结果所需的过程和手册。"或者：

直效销售

"已经更换了旧的设备，因此，导致停工的生产问题和加班已经消除。现在的生产力可以让大家拿到奖金。"

◎ **描述你将面对的挑战**。挑战是你们必须一起杀死的恶龙。不管你究竟是如何想的，可怕的喷火龙是件好事。毕竟，如果客户需要的结果很容易就能得到，别人早就已经做到了。迎头面对挑战，你就可以成为值得信赖的顾问。因此，公开、诚实地描述这条龙，描述你在过去是如何克服类似的挑战，并展示你将如何再次这样做。假装告诉客户前方没有挑战，其实会拉响你不值得信任的警报。

你可以这样说："为了产生这些结果，我们都必须承诺做出改变，即便这可能会让人感到不舒服。我们必须让每个人都承担起自己的责任。这不容易。但是我们确信，我们可以一起做到这一点。"或者："我们面临的挑战是在进行这些改变时，如何为机械设备融资并且将生产率保持在现有水平。"

◎ **打动客户**。要巧妙使用能够触动客户情绪的语言和想法。一种方法就是谈论其他人在面对同样情况时的感受。

可以这么说："与我们合作的销售经理不堪重负，他们担心会失去在过去四个季度的辉煌业绩。但是，一旦我们共同制订出一个他们相信的计划，他们就感到宽慰多了。"或者："员工们觉得自己的付出不受赏识。他们一直在超负荷工作，因此打电话来请病假，以争取能与家人共度天伦之乐的时间。这既影响了企

第13章
讲故事：创建并分享愿景

业，又对他们的社区意识无益。"

◎ **引入你的价值观**。有时可能很难以真实且具有说服力的方式谈论你的价值观。事实上，当你劲头十足地告诉人们"我们诚实且值得信赖"，通常听起来都很虚假。相反，用故事可以巧妙地展示你的价值观。不要明确地说出来，让他们自己总结、感受。

你可以这么说："在整个过程中，我们所做出的每一个决定都对你的团队开放。"或者"你可能会觉得其中一些会议是多余的，但我们发现，让团队成员参与进来并且让他们知情，能使他们参与整个过程。他们也不需要担心我们的改变没有将他们在各阶段将会受到的影响考虑进来。"

在编写故事的时候，客户全都老于世故，他们能够看出故事中夸张的成分，嗅出我们的奉承。不要冒险把讲故事变成吹牛皮，这样会破坏客户对你的信任。坚持真相和诚实是成功的销售人员共同的核心价值观之一。

你的故事会流传很久

在你离开大楼后，销售过程仍将持续很长时间，这就意味着你告诉潜在客户的故事可能会被他们与他人分享。

一旦你离开会议室，支持你的联系人就会介入，担任起代理人的角色，将你的故事转述给别人听。他会被问到关于你、你的想法以及你使他们有所不同的能力等的问题。客户公司中的利益相关者，包括执行管理团队，将问联系人一些难以回答的问题，例如，为什么他们应该做出改变，为什么他们应该选择你，以及为什么现在有必要做任何事等。

为联系人提供他在支持你时需要使用的故事和信息，你可以帮助他们做好准备，与他们的团队分享你的愿景和价值观。你的联系人也许记不住幻灯片中的任何内容，但是他们会记住你的故事。

如何讲述更好的故事

在变得更加擅长讲故事之前，你必须先收集一些可以说给别人听的优秀故事。你不需要从头开始编织每个故事。看看你自己的生活，尤其是你的销售生涯，你可能有各种故事，其中许多都能证明可以帮助客户成功的经验。首先思考你在销售以及服务客户领域的经验，然后回答以下问题：

◎ 哪些故事最令人信服？
◎ 哪些能够说明你学到的经验？
◎ 哪些可以帮助你创造可能的愿景？
◎ 哪些可以表明你在帮助客户屠龙时发挥了重要作用？

第13章
讲故事：创建并分享愿景

贵公司还有一系列关于如何帮助客户应对挑战的精彩故事。你的同事也有故事。如果这不是你的故事也没有关系；如果它能说明你想分享的愿景，就值得分享。

一旦收集到你的故事，就应该努力提高讲故事的能力。下面几点可以帮助你开始练习。

1. 找到框架

每一个伟大故事都有框架，一系列连续发展的事件，将主角带入旅程，发展至高潮最后得出结论。总是存在一定的冲突，有需要克服的障碍。冲突创造了戏剧效果，让故事引人入胜，因为我们见证了角色们为了前往某处、完成某事或是与某人团聚所做出的斗争。经典的爱情故事始于"男孩遇见女孩"，然后经历了"男孩失去女孩"再到"男孩赢回了女孩的心"，最后"男孩与女孩结合"。失去女孩（冲突）是旅程的开端——男孩现在必须努力赢回女孩的心。这是故事框架的开始。

在你自己的故事中寻找框架。找到冲突，产生戏剧的元素——需要一起克服的问题、挑战和障碍。你的故事框架可能会从"客户需要的结果"到"客户尝试但却失败的结果"再到"客户与我们一起以我们之前各自都无法想象的方式合作"最后到"客户得到了巨大的结果"。

分析故事时，问问自己下列问题：

直效销售

◎ 你和你的客户共同面临的挑战是什么？
◎ 什么是意想不到的障碍？
◎ 什么令人惊讶的想法帮助你成功？
◎ 你学到了什么经验？

我曾经与一个客户进行过合作，他无法在旺季招到自己需要的人手。他们的竞争对手都位于同一地区，为了垄断旺季市场的帮手，他们的邻居提高了工资率，从而使得我的客户的工资率对于他们需要的人而言不再具有吸引力（我们的挑战）。我们一直建议客户提高工资以确保满足他们在旺季的需求，不过他们拒绝了这个想法。现在我们陷入了困境，我们和客户都不知道如何才能找到我们需要的人（障碍）。

我们召开了一次会议，向他们提供了薪水调查以及一些其他指标，并建议他们与客户分享这些信息，以便要求他们在为确保成功所必须的加薪问题上帮助我们（一个令人惊讶的想法）。他们没有想过请求他们的客户帮助，而且有些害怕这么做。不过，他们抓住了机会。不是所有客户都同意加薪，但是足够多的人表示同意，因此，我们可以将薪酬率提高到比竞争对手更高的程度。通过向他们提供可以提供给他们的客户的论据，我们携手工作找到成功（学到了经验）。

一旦你找到了你的故事框架，就围绕着它创建自己的故事。如果你想了解更多关于框架与成为故事大师的信息，请阅读罗

第13章
讲故事：创建并分享愿景

伯特·麦基（Robert McKee）撰写的《故事：材质、结构、风格和银幕剧作的原理》（*Story: Substance, Structure, Style, and the Principles of Screenwriting*）。

2. 找到为故事带来生命力的细节

细节能够赋予故事生命力，因此，确保你的故事里有一些——不过不要太多——细节，并要避免那些为了细节而细节的内容。只需添加足够的细节，让你的故事真实、生动。考虑将下列细节包括进去：

◎ 客户如何找到你

◎ 涉及的角色

◎ 他们试图做什么、为什么

◎ 这对他们意味着什么

◎ 为什么客户的利益相关者持怀疑态度

◎ 他们尝试和失败了多少次

◎ 每次他们失败时都发生了什么

◎ 他们正在使用什么样的设备

◎ 为什么它会失败

◎ 客户的团队感觉如何

◎ 他们失败的代价

◎ 你们一起学到了什么

直效销售

◎ 你是如何学到的

像这样的细节将增添语境，使你的故事更加丰富。因为其中的很多问题都是潜在客户面临的问题，他能在故事中看到自己的影子，感觉就像是在讲他自己的故事一样。

3. 具有娱乐性

伟大的故事，甚至是戏剧，都具有娱乐性，而娱乐往往以幽默的形式出现。如果你已步入销售这一行业，就已经明白了幽默的价值。

我记得在华盛顿特区的一次会议上，知名的强势参议员鲍勃·多尔（Bob Dole）担任了主旨演讲人。我以为会听到纯粹的政治言论。结果，我听到了单口相声的套路。多尔已经上了年纪，所以他拿自己的年龄开玩笑。例如，他在描述罗马参议员西塞罗出现在一个关于平衡预算修正案的辩论中时，他说："我认识西塞罗，他支持平衡的预算。"通过嘲弄自己，他立即变得更加可爱和有趣。

作为一个销售人员，你希望自己尽可能可爱和有趣，因此，现在就要开始收集有趣的故事和逸事。想想幽默在你自己的故事中的潜力。

◎ 你与客户遇到了什么样意想不到的问题？

◎ 发生了什么意料之外的事件？

第13章
讲故事：创建并分享愿景

◎ 有人说了什么风马牛不相及的话，但是却缓解了紧张的局面？

出乎意料往往是幽默的一个好来源。看看你能否就让你措手不及的事情创造出一个有趣的逸事，并把它插入你的演示当中。

让他们意犹未尽

故事令人信服。它们将想法从理论领域转移到现实世界中。它们允许你以有趣的方式呈现愿景并巧妙展现你的价值观。更重要的是，它们将带领你的客户步入美好的未来，你在其中帮助他们屠龙，并且实现他们的目标。

你的客户迫切地想听这些故事。

记住，你不是英雄。你是英雄的向导，是他们的导师，也是他们旅途中的伴侣。你的理想客户是故事中的英雄。这是他的冒险。要屠的是他的龙。你只负责佩剑。这就是令人信服的故事线。

第一步——现在就开始！

让我们一起写一则有效销售所需的故事。写下你是如何帮助你最大的客户之一产生更好的结果的故事。在故事的开篇描述

直效销售

当你最初接触他们时,他们所面临的挑战。什么地方出了错?然后描述他们需要什么。这是他们需要创建的未来状态。然后写下你如何帮助他们实现未来状态的故事。别忘了你们在一起产生这些结果时所面临的挑战。当你解释了创造更好的结果所需的东西时,你的故事就会更令人信服。

与三个同事分享这则故事,以及进行练习。请他们提出问题,这样你就能为故事增添更多的色彩。

… 不能彻底了解一个问题就很难解决这个问题。

第 14 章
诊断：渴望深入了解

如果不能彻底了解一个问题就很难解决这个问题。

——爱丽丝·海曼（Alice Heiman）

美国军队中有一个概念叫作"地面实况"，即尽管将军们坐在远离前线的办公室里制订计划，但是战场上的士兵才是真正了解战场地形及其所有可怕威胁、挑战和困难目标的人。

地面实况是你在现场收集的信息，它通常与身处远方制订计划的人、专家和顾问所想的很不一样。

亲身体验到的地面实况及其战术现实、障碍和不可预测性，总是会比纸上读来的更加糟糕。然而，你需要发现地面实况才能对客户公司进行真实的诊断。

我所说的那种诊断，需要你深入挖掘公司感到痛苦的根本原因，以便做出诊断。挖掘得越深，就越有可能发掘出一些你的潜在客户真正需要做才能获得更好结果的令人不舒服的真相。但是

直效销售

这很好。除非你能深入客户面临的问题的核心，不然将无法创造你能够提供给他们的所有价值。

我相信你肯定很熟悉，如果没有发现真相时会发生些什么。想一想：你是否曾致电决策者，赢得了他的生意，然后在执行时遇到了困难，就是因为他对问题以及可能的解决方案的描述与公司的现实不符？或者等到与客户开始合作后才发现，阻碍他们实现更好绩效的真正障碍是客户自己的员工，因为他们不愿意改变或是公司内部存在政治冲突？

也许你接受的培训是尽可能给公司的高层打电话，只在必要时才联系基层人员。这个建议具有误导性：尽管你的销售对象也许是决策者，但是你的服务对象是整家公司。与你和你的解决方案一同向前推进的决策将会影响的所有人员都必须包括在你的诊断中。也许你会对公司的高管做商务演示，但是我保证，在实施的时候你一定会在基层，因为那里才能接触到地面实况。

忽略这一事实将导致严重的问题，包括未达到预期以及执行困难——因为你缺乏对于必要信息的真正理解。你会发现自己与之一同工作的团体会产生阻力，因为你没有花时间与他们会面以加深理解和发展信任。

一个健全的诊断，一个深刻的诊断，要求你花时间从位于潜在客户公司中两三个层面的工作人员那里发掘真相。只有在对客户有了深刻的理解之后，才能要求对方理解你，你才能提供你的

第 14 章
诊断：渴望深入了解

想法和解决方案。

能令理解力翻倍的强力问题

一个简单的问题将帮助你确定潜在客户面临问题的根本原因，并真正了解为了产生更好的结果必须具备什么。这个问题就是"为什么"。

假设你的客户提出了他们的问题："我们需要新的设备来提高生产力。"很好，因为现在你知道你需要围绕提高生产力这一问题来构建解决方案。但是，你还没有发现地面实况。你需要问："为什么需要提高生产力？"

"因为我们无法满足客户的需要，"客户可能会这样回答，"我们已经失去了一位客户，而且还有一些已经开始不满了。"

仅仅问了一次"为什么"，你就已经转移到了更深层的影响上。你明白你真正需要做什么，就是为了防止更多客户的顾客变得不满意并且离开。现在再问一次为什么："之前为什么不改变设备和过程？"

"因为财务部门一直在关注成本，运营团队不想改变一切，风险会使生产变得更糟。"

有了第二个"为什么"，你就了解到了更多关于公司如何运营以及哪些利益相关者可能需要特殊处理的信息。你需要使这家

直效销售

公司的管理层相信,他们需要花费必要的资金,运营团队需要一个不会中断生产又能安装新设备的计划。仅仅关注生产力无法解决这位客户的问题,尽管人们最初确实是这么说的。

超越现有问题

了解地面实况有助于你准备一个更加出色的计划并预测和处理反对意见。你的解决方案不一定是最好的,但是你有能力诊断理想客户面临的真正挑战,这能使你立于不败之地。也许你需要有创意,能为设备提供资金支持,或是提供赊销或折扣。如果你通过在客户更换完新设备之前囤积他们的产品,从而让运营团队参与进来,那么你又解决了另一个真正的问题。

如何提高诊断能力

如果你能够留意并避免落入陷阱,就不难做出准确的诊断。这包括:

1. 不要用自己的经验来解释潜在客户的经验

销售人员渴望宣传他们的产品、服务和解决方案,因为他们有信心,他们有能力做出改变,而且经验告诉他们,他们可以成

第 14 章
诊断：渴望深入了解

功。但是你的经验并不能使潜在客户经历购买过程，解释他们目前的不满，围绕他们的需求与你合作并探索各种选择。

以你的经验为先倒可能会损害你的销售能力。这并不是说你的经验不重要。事实上，你的经验对于有效诊断而言至关重要。然而，我们经常透过自己现有的解决方案以及我们为其他客户所做的工作来看待潜在客户的问题。诊断的目的不是要证明你可以将现有的解决方案硬塞给潜在客户，也不是要确认应该将哪一种解决方案卖给客户。相反，这是学习和发现的过程。请记住，这个过程是以他人为导向的。

正确的诊断要求你倾听并了解客户的经验。你可以在加深理解之后再应用自己的经验。

2. 不要忽视理想客户的愿景

用你自己对于合适解决方案的想法来过滤客户情况的这种做法很诱人，但是你会忽视客户的愿景。的确，客户并非总是具有知识、专业知识或经验，知道如何改善他们的成果。但是，如果你抱着开放的心态去理解他们就会发现，对于自己的需要，他们往往有着自己的愿景，而且不论他们是否意识到，他们会基于这些愿景去评估想法。

将潜在客户对于正确解决方案的愿景撇到一边的做法很危险。不要忽视它们。相反，要了解他们觉得应该如何改进业务结果。即便他们对于必要事件的想法是错误的，你也必须明白他们认为什么是必要的并从那里着手。否则，他们会觉得你想要把东西硬塞进他们的喉咙。

3. 考虑约束和障碍

发现阻碍解决方案的限制，无论其来自金融、流程、外部还是其他方面，都至关重要。你还必须找到你开发、销售、实施和执行解决方案时会遇到的任何障碍。

很有可能，你的竞争对手在向客户销售他们的产品或解决方案时，不了解这些限制。现在你的客户没有得到所需的结果，因为以前的销售人员没有处理这些约束。你应该不想因为没有发现真正阻碍改变的障碍，而成为下一个失败的销售人员。

4. 提出困难的问题

正确的诊断需要你向客户提出困难的问题。下列这类问题能迫使客户面对自己公司内的地面实况：

◎ 不提高业绩会造成何种代价？

◎ 为何之前没有解决这个问题？

◎ 为了确保我们的解决方案能够获得批准，团队之中还应加入谁？

◎ 谁可能会反对这个解决方案？

第14章
诊断：渴望深入了解

不提出这些问题就会使你获胜的机会岌岌可危。即使客户选择了你的解决方案，如果不提出这些问题，解决方案的执行也将面临风险。

一般的销售人员会提出无力的问题。他们不想提出令人不舒服的具有挑战性的大问题。一是因为他们不知道如何处理这些问题。二则是因为他们担心提出这类棘手的问题会使潜在客户感到不舒服，从而造成交易失败。

最好的销售人员不害怕提出棘手的问题。

他们"很现实"——有时超级现实。他们知道他们值得信赖，因为他们不害怕帮助客户处理具有挑战性的大问题。他们不担心客户会令他们竭尽全力，因为他们明白这是成长的必经之路。最好的销售人员会奔向挑战。

5. 让理想客户教你如何获胜

机会的创造、赢得或失去都发生在销售过程的早期，尤其当你与潜在客户一同了解他们的需求并进行诊断时。在这个发现阶段，你了解你的潜在客户，而他们也了解了关于你以及关于他们自己的大量信息。对于创造真正的价值、获得信任而言，这个过程至关重要，因此，请确保你保持了如下几种品质。

◎ **好奇心**。对于诊断技能而言，没有什么比好奇心更加重要了。如果你真的有动力学习，那么在真正理解之前，你就会继续向下挖掘。如果你不是那么在乎,就会觉得无聊并很快放弃。

◎ **耐心**。控制立即与人分享你那些伟大想法的欲望,得到成熟的解决方案很难,尤其当你认出所见的模式时——你也许已经见过它很多次。但是保持耐心、提出问题往往会使你对情况获得更深入、更细致的理解。反过来,这将为你和潜在客户带来更好的结果。

花费必要的时间来了解潜在客户公司里的个人需求,你不仅可以更好地了解他们的实际需求,还可以了解如果需要得到支持,你的解决方案应该呈现何种模样。

如果你花了必要的时间去理解客户的需求,他们就会教你如何赢得他们的业务、他们的业务如何运作以及如何进入他们的世界。他们还会教你他们用来描述问题、挑战、过程和系统的语言,让你听起来似乎已经融入了他们之中。

要好奇、要有耐心并且提出可以帮助你深挖的问题。

提出问题才会理解

一旦你证明了自己很关心并愿意付出额外的努力产生附加值,潜在客户就会希望你能获得成功。一旦他们看到你想学习,就会愿意教会你所需知道的一切,只要你能提出正确的问题。

因此,提出所有需要得到回答的问题。不要害怕提出难以

第14章
诊断：渴望深入了解

回答的问题。如果你以正确的精神提问，潜在客户就会很乐意回答。始终记住：聪明的问题可以带来更好的理解，从而产生更大的影响。

销售过程中——以及购买过程——的真正行动在于诊断。不出售诊断就没有办法售出解决方案。

第一步——现在就开始！

擅长诊断潜在客户的挑战将使你成为更优秀的销售人员。找出现存问题以及问题存在的证据，从而列出潜在客户所面临的常见挑战。然后在每个问题旁边写下导致该问题的根本原因。

第 15 章
谈判：创建双赢的交易

永远也不要就价格进行谈判。应该谈判的是客户将收取的价值。

——马克·杭特（Mark Hunter），
《高利润销售》（*High Profit Selling*）一书作者

销售人员往往会将谈判视作一个独立的事件，是在销售过程达到高潮时的"大完结"，可以让人签署协议。但是，正如我在本书中一直展现的那样，你在整个销售过程中都在进行谈判。

如果你没有这么做，那么，你要么非常幸运，要么就十分懒惰。如果你正在谈判而且获得了成功，那么，你就正在创造一个双赢的局面。

第 15 章

谈判：创建双赢的交易

为何是双赢

乍一看，双赢的概念并无多大意义：开始进入谈判时为何要希望确保你的"对手"对结果感到满意？你不是应该推回或是踢倒他，好让自己尽可能多攫取利益吗？

如果你打算销售完这一次之后就拍拍屁股走人，那么无拘无束的谈判方式可能会奏效。或者说如果你的产品极其令人满意，人们会在公司门外排队等待有机会将钱塞进你的口袋的话。（除非你在苹果公司工作，不然这种情况几乎不可能发生！）但是，如果你打算长期在这个行业里生存，就需要那些尊重你创造价值的能力、将继续与你合作并会将你推荐给他人的客户。换句话说，你需要在信任和互惠的基础上建立健康的长期关系。自我导向并非这个方程中的一部分。

这并不意味着你应该反其道而行之——提供免费商品。仅凭价格进行销售的销售人员往往会谈判那些非赢即输的协议：对于客户而言的胜利，对销售人员而言却是损失，他只为自己和公司赚到了一点小钱。尽管有时候这么做仅仅是为了能够成交，非赢即输的协议很具诱惑力，但是健康的长期关系不能仅对客户有益。你必须赚取利润才能保持足够强大，这样才能交付价值并帮助客户取得更好的成果。他们明白这一点（即使你在大声说出此类话语时听起来有些自我导向的倾向）。

成功的谈判中没有任何输家。所有利益相关者的利益都必须最大化——在客户公司与你自己公司的内部——交易需要能为你和客户带来价值。

如果无法制定出双赢的协议，那就潇洒地转身离开。这就是作为专业销售人员，作为一个值得信赖的顾问必须付出的代价。你必须通过每一次谈判令双方获益，这样才能保持声誉以及客户的信任。

当他们要求你降价时，会发生什么

在谈判时，销售人员将面临重大挑战。长期以来，客户们被惯得对折扣存有期望。事实上，我们在制定价格时就预计了客户会要求折扣，然后给出相应的价格优惠。这种做法现在已是司空见惯，成了常规。客户总是要求打折难道不奇怪吗？

你大概接到过理想客户公司里的联系人打来的这类电话。他们很喜欢你以及你的解决方案，而且知道你能产生最好的结果。随后他扔下一颗炸弹："在所有的最终入选公司中，你们报价最高。要想赢得业务，你就必须削减价格。"

你可能会认识到这是买家和卖家之间一贯会上演的一幕。但是如果能将花在价格谈判以及随后的折扣谈判上的精力省下来，帮助客户在结果上而非讨价还价上做出正确投资，那就会更好。

第15章
谈判：创建双赢的交易

帮助他们了解可能实现的目标是什么，并且与你们能够一起创造的价值捆绑销售，就能为他们提供更好的服务。

不论你在整个销售过程中的表现多么优秀，在某些时候，人们总会要求你给予折扣。你将不得不进行谈判，但是在决定进行单独的价格谈判之前，试着就你所创造的价值进行协商。

削减价格前，请先让你的价值创造更具优势

最近，一位采购经理将发给一位同事的电邮抄送给了我。这位同事正领导着一个处理即将发生的交易的委员会。采购经理写道，她会拒绝销售人员提出的任何价格，无论这个价格是高是低还是正好。显然，她认为尽可能压低成本可以为公司创造价值。她不关心该提案能为公司创造多少价值，至少在她的电邮中没有相关的证据。她的方法就是"无论如何都要让他们提供折扣"。

不久之后，已经与主要利益相关者谈定了价格的相关销售人员提交了合同。采购经理要求他大幅度降低价格。

销售人员在回复中详细说明了他正在创造的价值。他致电主要利益相关者重申了这一点，强调低度投资无法产生客户需要的结果。他像激光束一样聚焦在正在创造的价值，而不是价格上。

然后他礼貌地拒绝了降价的请求。他说，如果想要产生客户需要的结果，除了自己的报价之外，他不接受任何价格。他说他

直效销售

不能接受压低价格，然后无法交付这些结果，因为这对两家公司都有害。委员会负责人致电采购经理，解释了价值并要求完成交易。通过拒绝降价并提醒每个人创造出来的价值，销售人员以他的报价赢得了交易。

为何这种方法会奏效？开始与客户进行谈判时，请注意以下几点：

◎ 获得最佳的交易是客户的责任，这会促使他要求获得更低的价格。他只是在完成自己的工作，这是他所期望得到的。

◎ 多数时候，理想客户愿意投入更多资金来获得所期望的结果，但是他需要你的帮助来证明应该进行更大投资。

◎ 你越是能够解释和量化更多的投资如何可以获得更好的结果，就越有可能维持定价不变。

◎ 你必须帮助联系人在他们的公司内部销售交易。

当你需要捍卫自己的报价，就一个更低价格进行谈判时，指出你能创造的价值从而加以拒绝。在削减价格前，让你能够创造的价值更具优势。

提醒客户，你的定价模式以准确提供他们所需的结果为基础。指出价格与成本之间存在差异，重点突出客户如果投资额过低将无法获得所需结果，反而会遭受损失。

提醒客户留意迄今为止他仍未能实现预期目标的原因——没有创造出足够的价值。要向他强调，除非真正创造出这些价值，

第15章
谈判：创建双赢的交易

否则便无法实现预期效果。改变势在必行。对他而言，陈旧的谈判策略已收效甚微。

如何成为一位能实现双赢的谈判专家

本书所讨论的并非谈判策略。市面上已涌现出不少探讨谈判哲学与策略的优秀著作，其中就包括罗杰·费希尔（Roger Fisher）和威廉·尤里（William L. Ury）所著的《谈判力》（*Getting to Yes: Negotiating Agreement without Giving In*）以及我的最爱之一哈利·米尔斯（Harry Mills）的《具备街头智慧的谈判家》（*The Street Smart Negotiator: How to Outwit, Outmaneuver, and Outlast Your Opponents*）。两书皆能助你认清常见的谈判策略。

然而，我们在谈判这一章提出了一个重要问题：究竟是该施展谈判策略为自己争得优势，还是仅仅只需吃透这些招数以寻得化解之道？我相信，对这些策略了然于胸总归是有益的，但是切莫借助它们来赢得胜利或应对失败。请记住，你是在与自己的客户（或潜在客户）谈判而非智取对手。如果在销售的过程中可以与客户培养出牢固的关系，那么最终拿下合约就水到渠成。要是这个过程充满了火药味，你与客户间的关系从一开始便根基脆弱，你不得不花费极大的气力才能创建双赢的交易。

四项工具可以助你成为一位能实现双赢的谈判专家：

直效销售

1. 记住，你大可潇洒地转身离去

谈判时必须始终处于有利地位。不过，若你不愿放弃这笔交易，就不可能做到这一点。要么达成双赢的交易，要么便潇洒地起身离开。

如果这笔交易对客户而非你自己有利，那就干脆地将其放弃。你赢我输的交易浪费你的金钱与资源，还不如将它们投入其他客户身上。

最为重要的是，在你和团队试图从一笔糟糕的交易中挖掘出有利因素的过程中，已然浪费了自己的情感。

反过来，如果交易对你而非客户有利，你也需要果断放弃。否则，这位客户最终仍会弃你而去。你是一位值得信赖的合作伙伴这一美名也将大打折扣。你会慢慢培养出一批对你大失所望的客户，他们很乐意将自己的负面体验与旁人分享。

愿意放弃一笔糟糕的交易可以为你提供一个强大的谈判平台。你不必接受这样的交易，也永远无须试图迫使别人接受它。当然，如果对于公司的业绩来说，每一笔交易都举足轻重，你就无法潇洒地转身离去。因此，寻找潜在客户才会显得如此重要：一旦有了强大、健全的销售渠道做后盾，你便可以放弃任何一笔交易，因为总会有更多的机会在不远处向你招手。

第 15 章

谈判：创建双赢的交易

2. 除非已被对方选中，否则不要展开谈判

你是否曾在与潜在客户商谈的过程中发现，他们在选定与你合作之前便提出了价格问题？也许你在演示环节表现出色，但他们却立即告知你报价需要降低。

你可要小心了——谈判的大幕已经拉开！或者说，已经拉开了吗？

一些买家喜欢在讨价还价时让销售人员相互竞争。他们可能会，也可能不会告诉你竞争对手的报价，但却会明确表示，你需要在价格上与人一争高下。如果客户尚未选定与你合作，那么他只是将你当成了迫使竞争对手松口降价的工具。也有可能他是在利用对方的报价诱导你压低价格。无论哪种情况，如果你放任他将竞争重点转移至价格，这场竞争便会远离价值。

礼貌地坚持你只同意在被选中后展开谈判，这样可以保护你的定价。如果对方问起价格，你可以反问："贵公司已经选定与我们合作吗？"

如果对方的答案是否定的，那你可以说："我们很乐意就最终协议展开谈判，但是除非贵公司确定我们是您的正确选择，否则我们相信，现在就价格问题进行磋商还为时过早。我们想要确保贵公司能够获得你们所需的结果，其中当然包括适宜的价格。"

3. 只谈一次

一些企业会牵着卖家的鼻子走，让他们进行不止一场谈判，而且每次看往下压低一些价格，每一步都从你这里榨取价值。

首先，他们让你与主要联系人谈判，然后带来采购部门进行第二轮谈判。随后，采购部又会带来首席财务官以及更多轮的谈判。他们会向你施压，迫使你放弃原本会坚持的东西。你陷了进去，开始为这笔交易投入了情感。他们会说："你很快就能成功了。只要你能够再把价格往下压一点点。"

谈判时请确定这是最后一场。无论你同意做出什么让步，都必须具有约束力。你必须问："如果我们开始谈价格，如果双方都对某个能够实现你所需结果的数字满意，你能承诺立刻下单购买吗？"

如果答案不是肯定，你就需要再问："还有谁需要参与这个谈判？"立即请相关人士参与进来。

如果只谈一次，你就能做出对于你以及理想客户而言正确的事。创造最佳交易，你就能为双方建立最佳价值，将价格谈判留到最后。

4. 具有创造性地诚实谈论症结所在

伟大的销售人员能够快速做出反应，尤其是在谈判中。然而，快速应变的能力并非打无准备之仗的借口。

第15章
谈判：创建双赢的交易

列出两张有关关键交易点的列表，开始准备谈判。其中一张应包括客户为赢得胜利所必须获得的交易点。而另一张则必须详细说明你及团队创建胜利所需的要点。

突出显示你难以获取的关键点以及客户觉得会有问题的关键点。然后准备就这些症结展开一场开放、诚实、具有创造性的对话。这很重要，因为最好的谈判就是谈论如何一起渡过难关。

伟大的谈判与获胜无关，而是尽管存在冲突需求仍旧能够建立协议。愿意专注于双赢交易的结果，拥有足够的资源可以创造和讨论新的可能性。其中的一些创造就发生在谈判桌上，因此，准备好替代解决方案和想法参加谈判。

在进行谈判前，请与团队中思虑周到、有创意的成员会面，展开头脑风暴，讨论其他可能性、潜在交易结构和替代方案。准备好能够展示你的想法如何能够保证你和客户均迈入双赢协议的演示。重点专注于可以克服相互冲突的需求和愿望的方法，而不仅仅是为了完成交易采取的妥协。

永远记住，简单的"价值主张"可能会导致双方顽固地坚守在他们早已根深蒂固的位置。当你简单地提出价值诉求时，就表现得缺乏足智多谋或不愿意有创造力——正好与创造价值所需的条件相反。

当你与打算多年合作的组织进行谈判时，价值诉求并不是优先事项。相反，将努力集中在拥有足够的创造力以便能够达到双赢的交易、克服症结上。

完全与双方价值有关

确保协商得到交易能够确保客户获得交易的利益，同时你获得的利润足以交付你所承诺的结果，这样你就能将自己与其他销售人员区分开来。达成双赢协议的能力——尤其当这难以实现时——将有助于你将自己定位为客户值得信赖的顾问。

第一步——现在就开始！

证明你的价格与竞争对手之间存在合理差距。列出你所做的能让你比主要竞争对手产生更好结果的事。写下三到四个要点，说明为何潜在客户应该为这些差异支付更多金钱，以及这些钱如何能够确保他们可以获得需要的结果。当你需要凸显自己的价值时，就可以使用这些要点。

第 16 章
商业敏锐度：了解业务、创造价值

> 真正的决策制定者——商业领袖——关心的是创新、结果与风险管理。了解客户所处的产业以及他们的客户，然后利用你的洞察力与专业知识帮助他们制定战略，改变游戏规则的商业价值并管理风险。
>
> ——托尼·休斯（Tony Hughes），
> 《约书亚原则》（The Joshua Principle）一书作者

许多销售人员无法创造或是赢得新的机会，因为他们对业务不够了解。他们错误地认为，足够了解产品或服务就能具备一些销售敏锐度——主要就是克服障碍所需的经过反复排练的脚本。

在过去，产品知识可能已经足够，但是现在，你的理想客户已不满足于仅仅招聘一位推销员。他们希望有人能够帮助他们解决业务挑战。他们正在寻找一个能够帮助他们看到更美好的未来并指引他们走向未来的合作伙伴。一个只会背诵产品功能和收益的推销员所含的价值还不如一家优秀的网站——甚至比一条真正精彩的 YouTube 视频还要少。你的理想客户想要的是一位值得信赖的顾问。

要想成为一位值得信赖的顾问，你就必须能够售出优秀、明智的建议。为此，你必须具备商业敏锐度：理解一般的商业原则，有能力使用它们在你擅长的特定领域制定出全面的业务决策。商业敏锐度构成了你为客户创造价值时的核心。

商业敏锐度创造价值

不久之前，销售技巧的教学仅限于寻找潜在客户、讲故事和成交，重点就是成交。这些是我们所谓的第一代销售技能。然后，这一行业随着经济条件的变化产生了变动，销售人员接受了诊断客户更为复杂的需求的培训，这样他们就能将自己的产品和竞争对手区分开来。他们被教导要将自己创造的价值作为主要的谈判工具。这些都是第二代销售技能。

虽然第一、第二代技能都很必要，但是它们已不足以获得销售成功。价值创造的地位日益凸显，从而触发了对于一套新技能的需求。今天，你还必须了解商业运作的方式。你必须真正了解市场策略、独特的价值主张以及财务指标等，这些都是第三代销售技巧。

第 16 章
商业敏锐度：了解业务、创造价值

新的现实是，你不能再"仅仅是"一名销售人员，你也必须是商业通才。商业敏锐度可以帮助你找到能够创造价值的领域，从而创造机会——解决实际业务问题，创造竞争优势的价值。

你很乐意讨论盈利能力、指标、吞吐量、投资回报率以及任何其他财务指标。你还可以与客户运营人员讨论执行情况并与其技术团队审查复杂的想法和细节。你甚至可以核查客户的采购和风险管理团队的合规性和法律问题。为了能游刃有余地游走在这些领域，你不需要成为一个专家，但是需要了解整体业务，特别是客户的业务。

当你在做"发现"的工作时，你的商业敏锐度将为你提供必要见解，在合适的时间提出合适的问题。当你建立一项提案时，它会帮助你像商人那样思考问题——就像那个决定是否要购买你的产品的那个人一样。

如何提高商业敏锐度

商业敏锐度的获取需要时间和努力，但是它不一定需要金钱或是先获得常春藤盟校的 MBA 学位。下面的七种方法可以提高你的商业敏锐度，其中的六种无须任何成本，只需要你不断付出有意识的努力。

直效销售

1. 阅读商业书籍和杂志

获得商业敏锐度的第一步是掌握商业基本概念和词汇。幸运的是,人们已经深入研究了这两个主题并出版了大量信息,你可以以惊人的低价获得这些信息。

商业书籍的撰写需要几年的时间,它代表了数千小时的研究,包含了从业者和理论家的宝贵经验,其中包括他们成功和犯错的故事。一本商业书的平均售价只有二十五美元。如果作者花了整整一年的工作时间来写作(2080小时),你为他支付的小时工资只有一分钱左右。简直是惊人的物有所值!

广泛阅读各个领域的书籍。阅读关于营销、管理和领导力的书籍,甚至可以读一两本关于金融的书。阅读商业领袖传记,了解他们所面临的挑战、他们对于这些挑战的看法以及他们为克服挑战做出的选择。

除了商业书籍,也可以阅读杂志,如《快公司》(*Fast Company*)、《哈佛商业评论》(*Harvard Business Review*)、《彭博商业周刊》(*Bloomberg Businessweek*)、《福布斯》(*Forbes*)、《财富》(*Fortune*)以及《公司》(*Inc.*)等。所有这些都将向你介绍有用的想法。随着时间的推移,你将熟悉商业语言并开始理解许多主要的主题、想法、趋势和问题。

几十年来,我的好友约翰·斯宾塞一直坚持每周阅读三到五本商业书籍。他可以与任何人就任何与商业相关的主题进行有见

第16章
商业敏锐度：了解业务、创造价值

解的谈话。这是许多财富 500 强公司聘请他发言并训练团队的主要原因。

登录 www.theonlysales guide.com 下载我推荐的阅读书目。

2. 阅读与商业无关的非虚构类书籍

正如商业书籍和杂志可以帮助你培养商业敏锐度一样，阅读非商业类书籍也可以获得更多的洞察力。阅读广泛可以为你提供大量的情境知识以及许多可以帮助你建立人脉的实用的有趣想法。

像阿图·葛文德（Atul Gawande）所撰写的《清单革命：如何持续、正确、安全地把事情做好（The Checklist Manifesto: How to Get Things Right）》或者《医生的精进：从仁心仁术到追求卓越》（Better: A Surgeon's Notes on Performance）等都是不错的选择。这两本书都不算是商业书籍，但是每一本都能教给你很多可以很方便地应用到各种商业类型之中的宝贵经验。

霍华德·布鲁姆（Howard Bloom）的《野兽天才：从激进的视角重新审视资本主义》（The Genius of the Beast: A Radical Re-Vision of Capitalism）或是他的代表作《路西法原则：转化为历史影响力的科学探索》（The Lucifer Principle: A Scientific Expedition into the Forces of History）也都让人受益匪浅。这两本书教授的销售与营销知识胜过你可能会读的许多其他书籍，尽管这两本书的主题都不是这些。相反，他们讲述的是文化与人类的深刻需求。它们部分是科学，部分是历史，部分是心理学，还有部分是营销。

选择你感兴趣的非虚构类书籍。甚至是主题与商业风牛马不相及的书籍，如历史书和艺术书也会十分有用。我保证，你会发现一些适用于你的销售工作的内容以及一些可以帮助你更好地了解业务的概念。

3. 寻找公司导师

贵公司肯定提供免费培训并拥有员工发展的资源。但是经常被忽略的资源是你自己和其他部门的同事。多数人都喜欢炫耀他们知道的东西，这样能够帮助你理解他们的专业领域。公司不一定会提供正式的导师。但是，嘿，你可是在销售行业。你知道总是有办法弄到你需要的东西。

需要更好地读懂财务报告？去财务部和会计部，请工作人员通读理想客户的财务报告并告诉你他们看到了什么。一旦工作人员认识到自己是老师，而你是一位热切的学生，你想逃课都不容易！

了解业务部人员如何看待某个业务挑战时需要帮助？采购、营销或高管又看法如何？问一问公司内部这些部门的人，请他们告诉你他们的做法与想法。请求他们给你一些能够深化你的理解

第 16 章
商业敏锐度：了解业务、创造价值

的阅读材料。然后请他们一起吃午饭，讨论你学到的东西。你不仅将获得宝贵的商业敏锐度，还将建立起以后可能需要从中获得帮助的人脉关系。

寻找、发展导师。向他们介绍销售领域的工作，以此为报。相信我，他们会很兴奋扮演老师与学生的角色。

4. 找到导师

也许你的家庭成员、邻居、朋友、教会或犹太教堂的成员或是熟人中就有人了解某些业务领域，他们多半会乐意与你分享自己的知识和理解，只要你开口要求。

请这些人在他们的专业领域内教授你、指导你，他们可能会受宠若惊并很乐意帮助你。找两三个了解某个业务领域的人，每周五的午餐时间轮流与这些新导师共进午餐，记下你从他们那里学到的经验、他们最重要的想法以及他们对于进一步学习的建议。

前段时间，我很难理解负债率与可持续增长率，而我的邻居恰好是位首席财务官，所以，我请他与我一起审查了电子表格。他不仅教会了我如何去看现金流和可持续增长，而且还修改了我所有的电子表格并教我如何设置表格以供下一次分析所用。

不要害怕伸手求助。总有人愿意教你。你只要开口问就行了。

直效销售

5. 让客户教你他们的业务

你的客户可以对自己的业务倒背如流并将很乐意教你。

客户可以与你分享公司运营的许多方面，包括聘用员工（人力资源），市场竞争（战略、营销），服务客户（运营、客户服务），财务结果与财务关注（会计、财务、战略）以及管理和领导员工（管理和领导）。

从客户那里了解他们的业务就是一位勤奋员工的 MBA 课程。获得的实践知识和经验可以极大帮助你为理想客户创造价值。此外，客户会感激你，因为你正在试图了解他们的业务并提高总体的商业敏锐度。这是因为他们知道，如果你增进了对他们的理解，就可以帮助他们产生更快更好的结果。

列出你会用来向客户询问其业务的问题。邀请客户团队成员吃午饭，问问他们觉得什么对他们的业务来说很重要。

十年中的大部分时间里，我都在请客户教我业务。我会问及他们业务中的所有领域并直接告诉他们，我想了解他们这个行业。后来，经过多年的提问，我提出的问题已经能够证明，我对于他们公司的专业知识正在日益增长。

6. 写下你学到的东西

记录下所学的课程是自我教育的好办法。记下重要的想法，

第16章
商业敏锐度：了解业务、创造价值

什么地点、什么时间你有了这些想法并重复你获得的新知识，这对你和你的客户都有益处。

写作不仅能够帮助记忆，还会鼓励你思考所学内容。而思考，当然也会加深理解。

如果你在计算机或平板电脑上记笔记，就请返回查看笔记、突出显示不同的段落、添加评论和想法。这样做会让你的理解变得更加清晰，帮助你记住学到的东西。每个季度复习学过的东西不仅会使你将所学转化为行动，也将帮助你产生新的想法。

7. 获得正式教育

这是七个想法中唯一一个成本超过几块钱的——如果你愿意投入必要的金钱、时间和精力，大学的经历也会十分有趣且令人兴奋，并且对建立商业敏感度非常有益。可以考虑MBA、扩展课程、证书课程、某些商务领域的硕士学位，甚至是学士学位课程。

去上第一堂课之前，你会拿到一份书单。所以，当你开始上课时，就已经思考过自己读过的内容并能与同学讨论所涉及的话题。可以与一群刚刚与你读完相同的书并且深思熟虑的人各抒己见地谈论，没有什么比这更令人精神振奋的了。

虽然人们都知道商业作家、演说家演汤姆·彼得斯（Tom Peters）曾指责过MBA课程，但我认为，获得MBA学位是学习中的一次伟大锻炼。在未来，你将看到更多拥有 MBA 学位的销售人员，因为销售所需的商业敏锐度水平正在日益提升。

付不起 MBA 的学费？别担心。社区学院开设了商务、金融、会计、写作以及许多其他科目的课程，所有这些都可以提高你的商业敏锐度。

当然，如果你真正地练习了前六种提升商业敏锐度的方法，就相当于拿到了一个非正式的 MBA 学位。

不仅仅只了解销售内容

因为我们已经从简单的销售产品发展到了销售解决方案以及改进和加速业务进展，成功销售所需的技能也已经历了发展变化。今天，如果你想进行有效销售，就必须成为一位伟大的商人。

然而，商业敏锐度依旧在销售领域十分罕见。我们将太多的时间用来担心产品知识、技术知识和销售敏锐度，而实际上我们应该专注于商业敏锐度。

你的业务知识和经验是一笔巨大的资产。开发出的资产越多，销售业绩就越好。无论你接受的是正式还是非正式教育，投资回报率都将十分巨大。

通过帮助人们向前推进业务目标来创造价值。销售人员需

第 16 章
商业敏锐度：了解业务、创造价值

要成为优秀的商人。为什么？因为商业敏锐度就是新的销售敏锐度。

第一步——现在就开始！

选择一家你感兴趣的上市公司。它可能是你的理想客户之一，但不一定非得如此。访问 finance.yahoo.com 或 www.google.com/finance，下载它们最新的年报。阅读年报，尤其是董事长致股东的信。同时阅读风险评估，以了解哪些趋势或事件可能会损害他们的结果以及他们如何思考这些问题。如果开始的时候你想要选择一家优质公司，那就选择通用电气。

第 17 章
变革管理：取得共识、提供帮助

变革管理的真正关键在于心态管理。

——哈德·葛史汪德纳，

《销售力》（Selling Power Magazine）杂志出版商

你所销售的东西将改变客户的业务，而且这种变动也许会非常巨大。

实施改变可能听起来很容易，例如，只要安装新软件、训练技术人员、移交操作手册即可。但是客户的业务不只是一个公司的名称而已；它是由具有不同需求、需要与要求的人组成的复杂集合，其中的许多需求之间可能相互冲突。为了使你的产品具有价值，所有人都必须协同工作。这就是为何在客户公司内部建立共识是一个以人为本的必要过程。

多数情况下，你必须通过将个人、团队甚至整个企业从当前状态转至更好的状态从而对变革进行管理。这是一项艰巨的任

第 17 章
变革管理：取得共识、提供帮助

务，需要你具备在前几章所学到的所有优点与能力：乐观、主动、资源、决心、关怀、同情、情感智力、沟通、影响力、成交、商业头脑、诊断、讲故事和谈判。这就是为何我们最后才讨论变革管理，因为你需要使用迄今为止所掌握的所有工具。

为何选择蓝色药丸

电影《黑客帝国》中有一个伟大场景奠定了整部电影的前提。向导莫菲斯让探寻者尼奥在两种药丸中做出选择：一种红色，一种蓝色。尼奥被告知，如果吞下红色药丸，他将睁开眼睛看到现实的丑陋真相，再也无法逃避的真相。如果选择蓝色药丸，他就将留在已知的世界并继续保持现有信念，即便它们全都是谎言。

红色药丸代表的是随变化而来的不确定性，蓝色药丸则代表现状。从某种意义上来说，销售就是要求客户在这两种药丸中做出选择。他们知道，如果服用红色药丸，就不得不面对未知的未来并需要做出在过去难以或是不可能实现的改进。变化是对业务的潜在破坏，会以非常明显的方式带来遭遇失败的风险。这是为何每当你向客户机构提议改变时总会遭遇大量阻力的原因。

为了说服他们接受变革，你必须帮助他们面对所处现状的真相，并且勾画出一个更美好的未来。承认这种变化会带来痛苦，但是在那种痛苦的另一面，是一个更美好的地方。帮助他们处理公司的内部管理，加强他们取得你所售结果的信念。

争取怀疑论者的支持

有很大的可能，客户公司内部一些选择"蓝色药丸"的利益相关者会为你的解决方案带来巨大阻力。事实上，他们可能会与你的支持者斗争以防止实施变革。

你必须争取这些怀疑者。光有那些拥护你的解决方案的人支持是不够的。如果反对改变的人不伸出援手，你的解决方案就无法产生更好的结果。因为怀疑者会拖拖拉拉，试图等到你出局的那一天。他们会反对你的努力，确保你每走错一步、每犯下一个错误，无论错误多么微小，都会遭到大声投诉。

如果在没有获得所需团队支持的情况下就继续前行，你就应该知道，故事的结局对于你或者客户来说会有多么糟糕。永远不要忽视那些反对你的人，永远不要试图通过碾压来推进变革。相反，找出那些站在对立面的人，组建一支能够出售想法的内部团队来帮助人们相信，改变现状可以换取更美好的事物。

要做到这一点，你就需要用强有力的论据来武装这些团队，也就意味着你必须找到公司内部的冲突领域，然后构建解决方案，尽量减少或消除分歧。

第 17 章
变革管理：取得共识、提供帮助

关于利益相关者分析的超短课程

在我们所处的销售环境中，越来越多的决策必须在协商一致后才能做出。更多的人参与进了这个过程。在改变的过程中，我们需要每个人都跟随我们的脚步。或者，至少，我们需要他们站起身，让开路，允许变化发生。在大多数交易中，前进的决定需要获得所有人的支持，几乎任何一个人都可以否决你的建议。

你提出的解决方案越复杂，就越有可能影响许多利益相关者。同样，你的解决方案对于客户的成功而言越重要，参与其中的人就越多。从制定目标到实现成交，有很多方法可以管理每个公司中存在的复杂关系网。也许最有效的工具就是利益相关者分析：牵涉其中的各个人、团队、部门和仓库的概述。下面的超短课程将教你如何完成分析。

1. 确定谁能做出正式与非正式决定

首先确定客户公司内部可能出现在采购委员会中的所有联系人。这听起来很简单，但却不一定容易实现。

理想情况下，你能找到坚定的赞助者，即支持你的解决方案的有影响力的人。找到这些人的最简单的方法就是向联系人提出一个简单的问题："如果想让项目一路顺畅，我们的团队需要

直效销售

什么？"

还要考虑其他利益相关者。这些人也许不在采购委员会之列，但是你总是需要获得他们的合作才能确保解决方案可以产生自己所承诺的结果。通常在选择解决方案时，他们具有真正的决定权，并且绝对可以告诉你公司内部正在发生的事情。要想找出这些人就要问一问你的联系人："实施解决方案时，谁会受到影响？"

此外，还存在无形的影响力：公司内部与你的解决方案并不存在正式或直接的关联，但是却极受推崇或是具有政治权势、可以影响决定的人。他们往往很难辨认，这意味着你必须花费足够的时间与联系人在一起，在销售互动中密切观察，确定究竟谁在影响谁。

你可能需要提出一些建议来帮助联系人想起所有必要人物。你可以说："我们通常发现，如果我们在过程早期就加入了业务部门或IT部门，就更有可能了解他们的需求，让他们支持购买决定。这会使事情容易完成得多。我们应该让谁早一些加入团队？"

2. 找出他们需要的东西

越了解各种利益相关者的需求和恐惧，就越有可能提供获取他们支持所需的所有必要之物。

第17章
变革管理：取得共识、提供帮助

例如，客户的领导团队可能会支持你的计划。但是，你随后发现，公司基层有人需要你调整解决方案，以便使其能够适应他当前的工作流程。如果在不知道这一点的情况下进行销售——没有获得所有人的支持——就有可能导致失败。

你可能会发现，解决方案中的一些技术规范与客户IT人员深切关注的一项特性产生了冲突。或者也许在谈到现金流时，财务部门试图留出一些空间，而交易的成功取决于采取惯例之外的赊销期限。

企业内部可能有一些人极其固执地想要将新举措的功劳揽到自己头上，或者，除非你改变方案，允许他得到功劳，否则他便会拒绝支持你。你可能不喜欢这些钩心斗角，但是这些往往会不期而至。

此外，你还将不可避免地遇到一个你需要获得他的支持，但是他却与你的竞争对手保持长期密切关系的人。你的竞争对手已经失败，但是这并不重要，这位利益相关者就是想支持自己的朋友。

仔细考虑所有利益相关者及其偏见和喜好。有些人会是支持者，甚至可能是坚定的赞助者，他们希望你能获得成功并会尽全力来帮助你。你只需要为他们提供在公司内支持你的信息即可。

至于那些反对你的人，弄清原因。在这场比赛中他们是否也有自己的赛马参赛，如果你跑赢了，他们就会输掉比赛？你的解决方案会削弱他们的力量吗？他们是否仅仅因为感到不舒服而反对改变？

最后，不要忽略中立的利益相关者：那些不会站出来支持或是阻挡你的人。也需要对这些人脉进行管理，以防持反对意见的利益相关者将他们拉入自己的阵营。

3. 解决冲突，冲破约束

一旦确定了所有队员并清晰地表述出他们之间存在的相互冲突的需求和约束，你就能与团队制定策略。一些客户的利益相关者可能想要某一种解决方案，因为它可以帮助他们获得自己需要的结果，而其他人则可能想要一份极其不同的方案，因为它能更好地满足他们的需求。一旦找到这些冲突和约束所处之处，就可以努力建立一个适合组内全体成员的解决方案。这不容易做到，但是如果你不这样做，权力最大的利益相关者就很有可能会获得他想要的解决方案，不论其合适与否。如果这位利益相关者恰好是你坚定的赞助者，似乎还不错。但如果你仅仅是因为自己的支持者权力最大才赢得了胜利，那么失败的利益相关者施加的阻力将使你在推行解决方案时步履维艰。

4. 不要专注于身居高位的人

实施变革的努力往往失败，是因为销售人员往往过分侧重于

第 17 章
变革管理：取得共识、提供帮助

寻找有权势的人来敲定交易。

如前所述，多数人被教导要尽可能从客户公司的高层入手，以确保我们可以与对于交易而言至关重要的人建立联系。这在过去可能是很好的建议，但是今天，越来越多的公司在做决定时需要根据受购买影响的利益相关者达成的共识做出决策。这就意味着决定权往往分散在多个部门和多个层级。因此，较之以往，真正的权力往往位于公司组织机构图的下端。因此，不要忽视许多不在食物链顶端的利益相关者。

如何管理变革

既然你已经完成了利益相关者分析，那么现在就可以开始管理变革了。下面是可以采取的步骤：

1. 找到并创建团队

仅仅找到并向可以做出经济决策的人（为你的解决方案掏钱的人）进行销售已经不够了。同样，找到一位能够影响决策的人，争取他的支持也已不够。相反，你需要建立起由那些将帮助你推销变革并能在你获胜之后帮助你执行的决策者、决策影响者和利益相关者组成的联盟。换句话说，你需要建立一个团队。

在考虑企业员工时，弄清你需要谁加入团队。谁将从解决方案中获益最多？谁在组织中政治权力最强？谁对其他决策者、决策影响者和利益相关者的影响最大？谁极其热衷于你的想法并会在你不在公司时帮助你推销？

将这些人召集到一起，创建一个将帮助你构建与销售变革的团队。

2. 找到需要改变的障碍

许多交易之所以会人间蒸发，是因为你低估了障碍。最大的障碍之一是公司内部反对改变的人。通过利益相关者分析找出所有反对变革的人及其原因，包括对你的解决方案持开放态度，但拒绝变革本身的人。现状的捍卫者有很多，反对冒险的势头总是很强而且容易生成。捍卫者们知道出了问题，但是他们只认识现状这个恶魔。

销售人员往往会向那些最容易接受他们产品的人进行推销，而忽略了要去赢得持保留态度的利益相关者。不幸的是，回避不是一个建立共识的战略。你必须勤奋地找出反对你的提案的人，吸引他们参与并了解他们为何出手阻拦。只有这样，才能赢得他们。

3. 处理相互冲突的利益

虽然变化在客户公司中的某一领域可能具有价值，但是它可

第 17 章
变革管理：取得共识、提供帮助

能会为另一个领域造成困难。所以，你需要考虑的不仅是来自人的障碍，也要找到并处理技术障碍，越快越好。

我们常常在没有确定所有技术挑战和冲突利益并制订好处理它们的计划之前，就提出了自己的解决方案。我们留给客户一个精彩的演示、一个了不起的解决方案以及一大堆尚未解决的问题。

在向利益相关者做演示之前，列出技术与人力的冲突并为此制订解决方案。在演示前，努力获得所有会受到变化提案负面影响的人的首肯。

你需要拜访哪些利益相关者，恳请他们提出反对意见，减轻你的解决方案可能会为他们带来的任何问题？你的团队中有谁可以帮助你获得他们的支持或要求他们退到一边？

4. 创建并销售扼杀现状的案例

没有人想在扼杀现状之后再补上类似的东西。不值得为此付出努力、遭遇混乱或是跃入悬崖下的未知世界。要想为你提出的改变赢得支持，你必须令人信服地证明为何现状不能满足需要，甚至十分危险，以及你的解决方案将如何创造出更美好的未来。使用你的讲故事的技巧来推销那个前途一片光明的未来。

用财务术语以及普通人能够理解的话来撰写投资回报分析。为尽可能多的人解答"它对我有什么用？"这个问题。将你的故事和投资回报推销给支持你的利益相关者。说服反对你的利益相关者，让他们相信，你的改变也对他们有帮助。说明理由，现状其实比变化更加危险。要让人信服。

5. 玩弄权术

每家企业中都充斥着权术，这意味着你必须学会并玩弄公司的权术游戏。虽然这可能丑陋、肮脏，但是绝对必要。

为了减少冲突，给对手一些他们想要的东西。修改提案的部分内容从而赢得足够多的人的支持以便执行交易。你可能需要讨好对手，培养这些关系以建立信任，尤其当你在销售时，向他们展示了付出的血汗、赢得了他们的泪水时。

所有这些也必须应用到你自己的公司身上。有时将一个无行动客户转变为行动客户，需要你在自己的阵营中进行一些改变。你可能需要前往自己的团队，要求他们改变交付产品的方式、交付的时间范围或是其他资源。你可能需要特殊的赊销期限、与客户之间的单点联系或是帮着修订合同中的某项条款。你需要在自己的组织内部达成共识，与客户合作时适用的战略战术同样适用于内部工作。

成为权术大师，你就能催生变化，然后对它进行管理。通常，这是变革管理的真正核心。

第 17 章
变革管理：取得共识、提供帮助

克服变革的挑战

在任何公司进行变革都很困难。你必须睁大眼睛进行每一笔交易，清楚自己将遇到许多类型的抵抗——其中一些就来自你自己的公司。

你的工作是创造并销售令人信服的变革个案，然后管理和领导这种变化。确定现状并建立与维持现状相关的风险意识。记住，每当你发现了一项会对客户业务造成威胁的内容时，都会发现另一个创造更好结果的机会。伟大的销售人员不是只会推销自己的产品或服务而已。

伟大的销售人员创造并销售变化个案，然后管理和领导这种变化。

第一步——现在就开始！

如果在变更过程中只有一个利益相关者被你吸引，那就找到渠道中的所有机会。致电并安排主要联系人见面，请他带来其他会参与任何决定的利益相关者。然后开始与所有需要获得他们的帮助才能做出真正变革的利益相关者们预定会议时间。

第 18 章
领导力：与他人一道或是借由他人力量形成结果

你必须首先引导自己，然后才可带领团队，最后才能引领客户的团队。没有人会任命你为领袖。你必须自己上前一步去赢得领导众人的权力。

——约翰·斯彭斯（John Spence），
《极其简单》（Awesomely Simple）一书作者

也许你认为自己主要还是一名销售人员而非领导者。你一直在现场完成繁重的工作，而不是坐在会议室里制订计划或是对着你手下的许多人发表演讲。也许你甚至都不想成为一位领导者。但是如果你打算进行销售并实现你向客户承诺的结果，就必须发挥领导作用。

领导力与本书的哲学思想有关，是决定为实现卓越结果所需采取的行动步骤，随后利用他人手中的资源促使其实现的行为。你需要用到讲故事、谈判以及变革管理的相关技能，始终展示出

第 18 章
领导力：与他人一道或是借由他人力量形成结果

你始终不渝的责任心才能做到这一点。（你会再次发现，书中的一切都交织在一张由品性与技能——两者互为基础——编织而成的大网上。）

作为一位伟大的销售员，你带头走在队伍前列，为团队和客户的跨部门团队提供指导。如果出现问题、挑战或障碍，你第一个冲上去解决问题，不论这份苦差可能多么地惹人讨厌。一旦发现机会，你也会第一个跳出来抓住它。这就是领导者的职责。

你是一位战略协调者。如乐团指挥那般，你的工作是保证大家步调一致，以便带来最佳结果。为了能够领导他人，你对他们所应负责任的深入了解程度甚至超过了你自己的预期。乐队指挥不必像第一小提琴或者第二小提琴那样拥有华丽的演奏技巧——但是他很清楚这些小提琴手担任的角色，因此，可以在必要的时间与场合施展出他们的才华。团队中那些负责执行与交付的人对于各自所处领域的了解远胜于你，但是你仍然需要带领他们。

这完全没有问题，因为你为他们提供了愿景，指明了方向。他们会负责处理细节问题。请记住，你对结果负责，而他们则对交易负责（在第 9 章责任心中已经学过了）。

没有人任命你为领导

领导权永远不会交给像你这样的销售人员。不会有哪位大人物走过来，拍拍你的肩膀说："恭喜你。你现在成为领导者了。"不会有公司里的某人在盛大的仪式上授予你领导权，而且很可能没有人会教你如何去领导团队。你之所以能够成为领导，完全是因为你决定承担起责任并按照该决定采取行动，不论你在公司中处于何种地位。你之所以能够成为领导者，只是因为你的表现与领导者无异，因为你为自己所售的结果承担起了责任。

选择成为领导者。为形成的结果负责，为帮助客户创造出你所售的结果负责。别担心有人会抱怨你对团队的领导。我保证，没有人会与你争这个领导的位置，尤其当你不得不克服一些困难挑战时。一旦取得了成功，就会有人蹦出来抢夺功劳，但是你在成为领导后需要挑起重担，他们才不会为了这个与你争抢。一旦列车出轨，许多人就会跑到某处躲起来，设法为自己开脱。

你不会这么做，你会参与其中，你将领导众人。其他人会跟随你的脚步并且帮助你，因为你正站在队伍的最前列负责这个项目。

管理"销售阻碍部"

最难对付的销售对象之一就是你自己的公司。我知道，只要你曾经进入过销售这一行，就一定会对着永恒的销售现实深恶痛绝。不过，痛恨并不能冲淡它的真实性，甚至无法改变这样的

第18章
领导力：与他人一道或是借由他人力量形成结果

事实：你在公司内部进行的销售工作不见得会比在理想客户公司里少。

你自己的公司内部充满了怀疑论者，他们不相信自己可以实现理想客户所需的结果，而你需要这个结果才能赢回业务。这是因为，不仅客户公司的现状根深蒂固，而且你自己的公司内部亦是如此。抗拒改变，不愿拓展，于是就形成了以"我们做不到"副总所领导的一个被我亲切地称作"销售阻碍部"的部门。每家销售机构中都存在一个（或多个）这样的部门。

你知道它是如何运作的。你的解决方案已近完成。理想客户需要你在处理方式上稍做改进以便使其能与他们的工作流程完全相符，使他们能在团队的部分成员间形成共识。你将修改意见带回公司，可是你的团队却告诉你："我们做不到。"

手头的这笔交易需要你进行一些投资。也许你不得不再聘请一位员工来对付这位客户，即便在几个月内，客户所支付的费用都不足以抵扣新员工的工资。又或者你可能需要额外购买一些物资，以确保客户能够获得他们需要的结果。这就要求你放胆去相信，尽早投资将有益于你的工作。你对此很有信心，但是公司领导却不这么认为。他们并未一直在与客户接洽，而且当你数十次拜访理想客户的时候，他们全都不在场。他们会给出什么样的答案呢？"我们做不到。"

通常，你还需要说服你自己所领导的团队，请他们采纳你对于可能会发生什么以及必须做什么的设想。"销售阻碍部"的员工不会寻找创新的途径去创造可以在日后带来更多客户的新价值，他们只会条件反射地回答："不行。我们做不到。"

这时就需要你发挥领导力了。不，没有人授予你在企业内进行领导的正式权力，但是不要因此止住脚步。发挥出你在向客户销售时所用的全部技能，就能施展出内部领导力。为他们提供一个有关更美好未来的愿景，围绕这一愿景建立起共识。必要时也可以玩弄一些权术。大胆地要求人们做出承诺，即便你没有权力要求他们这样做。坚持到底，直至最终得到你想要的东西，就像你在赢得交易时所做的那样。

提到领导力，让我们再厘清另一件事：作为一名销售人员，有时你必须面对现实，明白自己公司内部存在阻力。不要因此感到不安，这不是你能够发牢骚或是仅凭希望便能让其消失的事。在现如今进行销售并不容易，这一现实意味着你必须站出来，发挥领导作用，带领人们走向未来——哪怕必须又喊又叫。

永远不要责备你的公司——带着它前进

如果出了差错，导致你无法向客户交付此前承诺的结果，你也不能责怪自己的公司。这样做并不能开脱你该为失败所承担的责任，即便公司显然应该为此负责。软弱的销售人员无法成为领

第18章
领导力：与他人一道或是借由他人力量形成结果

导者。

软弱的销售人员会责备他们的公司，认为这样做就能减轻自己的责任。但是就客户而言，销售人员就代表着公司！向他们进行销售的是销售人员，而非他们的公司。每次出现与他们碰面、诊断他们的需求并建立共识的人也是销售人员。

你永远也不会听到客户说："没关系。我们不会因为失败生你的气。我们只是对你的公司很恼火。等你换一家公司，我们还和你做生意。"瞧着吧，如果这一次在这家公司你都无法帮助他们得到想要的结果，他们凭什么相信你能在另一家公司做得更好？在下一份销售工作中，你仍会面临同样的问题。这不可避免。

你的理想客户聘请你来帮助他们实现结果，他们希望你能带领你的团队形成这种结果。如果需要做出改变，他们希望你能带领团队实现这些改变。你做出了承诺，就应该负责交付结果。就是这么一回事。

你销售结果，而这就是领导者需要交付的东西。

带领自己的团队

你的团队需要一位领导者，没有谁比你更适合担此重任了。与团队成员碰面——管理团队、业务经理、会计部门和IT部

直效销售

门——给他们描绘一个愿景。当他们遇到困难时，秉承他们都已竭尽全力的信念行事——假设他们都是善意的。不要批评或是指责，花些时间去了解他们的世界以及阻止他们执行计划的障碍。你的角色是帮助他们取得成功，而不是责怪他们取得了失败。

一旦理解了团队成员所面临的困难，就要向他们解释，对于客户与公司而言，利害攸关的内容分别是什么。如果问题出在客户身上，那就代表你的团队进行调停并向客户团队的成员解释，他们所采取（或不采取）的举动将如何妨碍你的团队执行计划。这就是领导力。

如果你的团队缺少为客户服务所需的内部资源，就动用你的内部人脉提供所需资源。你的团队可能需要更多时间、金钱、人力或是来自公司领导的支持。你有责任确保他们得到了自己所需的东西或是协助他们获得这些内容。现在，我要提醒你为何你需要丰富的资源、需要具备影响力，为何你需要建立起共识，不论在公司内部还是客户公司，这些品性与技能都很必要。

坚定地领导团队，它就会尽全力帮助你交付结果。

清除障碍

电影《巴顿将军》中有一幕壮观的场景，乔治·巴顿将军横扫意大利，试图击败英国将军伯纳德·蒙哥马利拿下墨西拿。巴

第18章
领导力：与他人一道或是借由他人力量形成结果

顿的士兵们正试图穿越一座桥，但是一辆驴车挡住了他们的去路。驴用实际行动证明了自己背负的顽固之名，始终不肯挪开步子。

巴顿渴望能在蒙哥马利之前攻下墨西拿，于是他上前查看究竟是什么阻碍了士兵遵照他的命令前往目的地。看清拦路之物后，巴顿掏出那把著名的珍珠柄手枪，击毙了驴子，随后命令士兵将驴子与车厢推至桥边，赶在蒙哥马利前抵达了墨西拿。

清除障碍。实现目标。

你也会遇到拖慢或是拦住团队前进步伐的障碍，其中的一些也许倔得就像是一头驴。也许客户造成了这些障碍，如新的价格要求或是服务级别协议，或是允许在现状中根深蒂固的利益相关者推迟进行必要的改变。也许这些拦路虎来自你自己的公司，如不合理的赊销期限、推迟交货日期或是因为你售出的结果将会耗费他们一些时间，所以业务部员工拖了大家的后腿。

障碍来自何方并不重要。作为一名领导者，你的角色是对付顽固的驴子并清除障碍，以便团队可以快速交付此前承诺的结果。你不需要采取巴顿那般残酷的举动，事实上他当时身处战场，但是你的确需要拿出同样的活力和承诺。

这就是为何你总是需要走在队伍最前列：你必须最先发现驴子，这样才能马上处理掉它们。

直效销售

如何提高领导他人的能力

不论询问哪一位领导,他们都会告诉你,即便在最好的情况下,领导依旧很难。他们会解释说,在领导一个团队时,武力完全无效,他们还会告诉你,他们希望自己能够更具影响力。

伟大的领导人总是选择以理服人而非动用武力。他们知道自己是出售愿景并要求得到行动承诺来实现这一愿景的销售人员。伟大的领导人还会告诉你,让他们夜不能寐的并不是来自竞争对手的威胁,而是面对让他们有幸能够领导的团队遭遇失败的风险。

你已经读到了这一章,这意味着有很大的可能你已经具备了成为伟大领导的素质。可悲的是,多数购买类似书籍的人只阅读了前几章就把书扔下了。你已经与众不同了!

下面的这些将帮助你增强自己的领导技能:

1. 阅读、研究领导力

鲜有销售机构专注于员工的培训和发展,以帮助销售人员成为领导者。这种严重的疏忽意味着你必须自我训练、自我发展,阅读就是一个伟大的开始。

我喜欢阅读那些有领导力的践行者们所撰写的书籍——面临看似不可逾越的挑战的领导者——例如欧内斯特·沙克尔顿爵

第18章
领导力：与他人一道或是借由他人力量形成结果

士、乔治·华盛顿总统以及乔治·巴顿将军。在阅读时，你很容易就能将领导者的故事提炼成想法与特征组成的列表。如果你不喜欢自己提炼经验，那就选择一本以名人为题的书，这意味着其他人已经抓住了故事精髓并为你提炼了经验。

在阅读的过程中会不断冒出想法，将它们记录下来。写下关于领导力的技能与属性的笔记并收集它们如何在你的业务中发挥作用的例子。一定要记录领导失败的例子并考虑哪些领导技能和属性可以防止出现这些灾难。这个练习将使这些经验在你的脑海中扎根，你会发现自己已经开始想办法迎接自己的领导力挑战了。

还要研究你自己公司中的伟大领导。这些领导可能并没有你在看到"领导"这两个字时想到的那种正式头衔。找一找那些因为有人愿意追随所以能够完成任务的人。

找到那些有人为其工作并与其工作的人，因为他们得到的不只是薪水而已。留意他们与自己所领导的人是如何沟通的。寻找线索，帮助你了解这些领导者做了什么让他值得被人追随。他关心团队成员吗？他们提供了令人信服的使命和愿景吗？他认为他们的工作极其重要，能为日常工作提供意义与目的吗？

2. 学会为成果负责

无论事情进展是否顺利，领导人都需要负责。即使失败是由

直效销售

不可预见的情况或是客户的遗漏或错误造成的，领导者仍然需要承担责任。

学会为结果负责就意味着承担起责任，帮助客户实现你所售的结果。这也意味着你要解决最大的问题。不要因为你害怕独自处理就不敢毫不犹豫地挑起领导的担子：好的领导自然会吸引追随者。事实上，领导的行为就是吸引追随者——因为想要你以及你的解决方案获得成功所以加入团队的人。如果你适时跳出来担起重任，就能赢得追随者。

我曾经遇到过一位客户，他未能获得我销售给他的公司的结果。他的领导团队中那些行为异常的成员要为此次失败负责。他所在公司的领导极其咄咄逼人，而且非常不尊重我的团队。他们没有努力帮助我们实现他们公司所需要的目标，而是蔑视和侮辱我的人，严厉苛责他们应实现更好的结果，同时却竭尽全力阻止我们获得成功。这家公司需要改变与我们合作的方式，否则就不可能实现结果。

我本来可以轻轻松松地免除任何责任，因为导致失败的原因出在客户身上，然后继续前行。相反，我为此次结果担起了责任，这就意味着我要负责处理客户团队以及他提出的约束限制。不用说，谈话很不愉快。当我暗示妨碍我们获得更好结果的唯一因素就是他的团队时，并未赢得多少好感。但是他们接受了我的建议，改变了方式，我们一道实现了一个更好的结果。如果我没

第18章
领导力：与他人一道或是借由他人力量形成结果

有担起领导的角色，结果一定会比现在逊色。

挺身而出，就能掌握领导力。解决多数人都会逃避的艰难问题，你就能学会如何领导。你很快就会发现自己身处无法解决的困难之中——这就是领导者的诞生地。

3. 身先士卒

有行动的地方——前线——就有领导力。在领导者的帮助下，凝聚人员，获得必要资源。不要纸上谈兵。前往行动发生的地方，让人们感觉到你的存在。在困难时期与客户并肩作战。当你自己的团队奋力挣扎时亦是如此。士兵们在为最激烈的挑战浴血奋战时，你必须与他们一起冲在前线。

请记住，你创造并销售的是愿景。出现问题时，请接起电话。冲到现场做出改变，保持愿景具有活力。要是不确定该做些什么该怎么办呢？别担心，只要挺身而出带领大家就行了。你只要形象高大地站在那里，人们就会带着想法和资源向你涌来。

所有伟大的领袖都接受过战火的洗礼，你也不例外。

直效销售

第一步——现在就开始！

你正在努力为某位客户实现结果吧？也许问题出在客户身上。也可能你的团队才是失败的原因。这是你施展领导力的机会。无论问题出在谁的身上，都要集合团队召开会议，制订计划以改善结果。然后与客户碰面，分享用以改善这些结果的计划。接着花时间与客户团队一起，帮助他们做出他们需要做出的必要改变。即便没有正式授权，你也必须担起领导的职责。

第 19 章
运用技能组合，创造竞争优势

产品、公司、品牌，甚至包括价格，都是桌面上的筹码。最终，能够令你脱颖而出的最强的可持续因素就是你在客户的购买过程中所创造的价值。

——戴夫·布罗克（Dave Brock），
卓越合伙人（Partners in EXCELLENCE）首席执行官

伟大的销售游戏已经发生了改变——而且这种变动仍将持续下去。它已经不是你父亲的销售游戏了（或者，从这个意义上来说，我母亲的销售游戏）。我们所生活的世界已与之前有了巨大差异，这个世界里的销售环境可要恶劣得多。

许多主要力量与趋势正在发挥作用，它们全都增加了销售的难度，也全都会对毛利（或利润）产生下行压力。我将介绍其中的一些。

全球化缩小了世界的距离。因为能将美国的蓝领工作外包到

直效销售

中国和印度等国,我们便感到心满意足。但是后来我们发现,中国人和印度人的精明劲儿、懂行程度以及创业精神绝不亚于我们这些美国人。现在,你和你的客户需要面对的是来自全球各国的竞争对手。这时的竞争更为激烈,赚取毛利面临的压力更大。这就是为何价格会主导你与理想客户之间多数交谈的原因之一。

如果全球化还不足以称作是变化,那么就再加上从根本上重塑了经济格局的另一股力量——非中介化。所谓的非中介化,其实就是"去掉中间商"的一种新颖说法。亚马逊认为你不需要去书店买书——或者,事实上,不需要去实体店购买任何商品。它觉得你没必要去沃尔玛,亚马逊会将你需要的商品送到家门口。YouTube 认为你无须在家里摆上一台电视,它觉得人人都应该可以使用相应的工具分享他们自己所创作的艺术作品、他们的政治观点或是任何他们觉得具有娱乐、教育或是劝导作用的内容。传统形式的报纸正在消亡,许多图书出版商、唱片公司、电视台以及批发商也在做垂死挣扎。这表明:赚取毛利面临的下行压力变大。

21 世纪初,当互联网泡沫破裂时,美国陷入了深度衰退。21 世纪第一个十年结束之际,不良商业行为——大多围绕着抵押贷款——导致金融业崩溃,美国再次陷入严重的经济低迷。紧跟美国的步伐,全球各国均进入了经济大萧条时期。这就引发了我之前提出的"后经济衰退期应激障碍"。尽管美国的经济负增

第19章
运用技能组合，创造竞争优势

长（即经济萎缩）只持续了一年，人们依旧觉得似乎随时都有可能再度出现经济衰退。许多人不再投资自己的生意，因为他们觉得产品销量随时会跌至谷底，于是就产生了更多的恐惧，也为赚取毛利带来了更大的压力。

但是，等等……还不止这些。

许多企业的采购职能已发展壮大，职业买家不断寻求方法来削减成本，从而提高公司的盈利能力。许多公司开始整合供应商，以便获得批量折扣并减少因与多家供应商交易而产生的成本。

现在，公司内部所有级别的人都必须对自己在公司损益表中的那一块负责——包括那些甚至连损益表的影子都未曾见过的底层经理与管理者。

对许多销售员而言，互联网带来了信息平等。买家可以做更多研究来了解自己的潜在交易对象，以及可能需要为此支付的费用。（如果理想客户与你在信息上处于平等地位，那么你就需要回头去读一读讨论商业敏锐度的那一章。信息平等能够迅速引发价值创造的匮乏。）

所有这些因素都会使销售员面临一个巨大的结果：许多潜在客户想要低价化你以及你所销售的东西。不少人认为，你与你的竞争对手并不存在什么不同，你无法——或是不能——创造出更大的价值。

直效销售

这种趋势将销售界撕裂成两半。

为何你必须与众不同

销售界正在分裂为两个分支：咨询型销售与交易型销售。要想在财务上取得良好业绩，就需要面临极大的压力，因此，许多销售机构越来越倾向于进行交易型销售。这些公司将关注的重点放在了降低总成本以及将许多与销售相关的工作自动化上。例如，允许客户通过网络了解产品、在线下单。同时，他们还将自己的销售人员从现场销售转换为工资支出更少的电话销售。

销售界出现了一条刚刚裂开（不过时刻都在扩大）的鸿沟。无法或是不会——或是不可能——为理想客户创造出更大价值的销售人员及其所处的公司都将被逼至交易型销售的边缘。然而，对于乐意纵身一跃的人来说，鸿沟的另一边还存在着另一种可能。

有些销售机构能够提出可以创造出更大价值并且更为复杂的解决方案，他们被迫将重点转移到了解决客户最具战略性的挑战、花时间为理想客户提供咨询以及使自己的价值主张与众不同上。其中一些公司可能会将交易型销售移交给电话销售人员，但是他们所聘请的能够开发客户关系的员工日益增多——工资也水涨船高。这样就能创造出更高水平的价值，使这些公司及其所售

第19章
运用技能组合,创造竞争优势

之物卓然而立。

销售界的这条鸿沟日益扩大,你将不得不做出选择。培养十七项元素——成功销售的心态与技能集——将帮助你从交易型销售跃至咨询型销售。不过,你可不能因此就允许自己自满或是懒惰,你还需继续磨砺这些元素,不断完善自己。

必须从个人与职业两方面完善自己

曾经在极其短暂的一段时期内,企业觉得自己有义务从个人与职业两方面完善自己的员工。在此期间(也许从20世纪50年代到90年代末),企业赚取的利润也足以进行这些投资。尽管企业在员工发展上应该投入更多——我们在本章所讨论的所有因素都表明应该这样做——这种投资却日益减少。过度推动季度业绩,过分关注股东价值。

许多企业在员工发展上投入不足,你不必对此感到欢欣或是赞同。你也许会强烈认为在所聘员工的职业发展上,企业负有一定的责任。你甚至可能希望,有人会花更多时间与金钱帮助你成长。但是,本书已近尾声,你已经知道这种想法不切实际了。

从个人与职业的角度发展、完善自己,百分百都是你的责任。

在本书的开篇,我就曾告诉过你,金字塔尖的销售人员与远

直效销售

远落在下面的销售人员之间的唯一区别并不是销售情景，也不是产品、服务、经历或是薪酬结构。

相反，我说过，成功是个人行为。你有能力拨打电话而不是选择回避。你为理想客户创造价值，并且为自己的公司赚取其中的部分价值。

简而言之，你就是引发云泥之别的那个差异因素。

通过培养本书前半部分提到的心态因素，你可以使自己有别于与你竞争的多数销售人员。如你这般自律的人少之又少，也就是说，他们没有能力胜过你。多数人没有你的乐观心态，相反，他们会四处寻找借口。他们不会像你这样深切地关心客户、充满气势地参与竞争，或是像你这样拥有丰富资源。你的主动性、你的决心、你的沟通能力以及你愿意为结果负责的责任心，将会使你成为稀缺商品中最为罕见的一种。你能对同行产生影响，因为你将成为值得他们追随的人。通过发展本书第二部分所讨论的技能集合，你将从一开始就能使理想客户带来更大的变化。要求获得必要承诺的能力可以让你以竞争对手们无法想象的方式帮助你的理想客户。当你寻找潜在客户时，你所发出的信息将更为机敏，你所讲述的故事也将更令人信服。诊断理想客户挑战的能力将证明，你拥有能帮助他们的商业敏锐度，发现地面实况的能力则可令你与客户达成共识。即便你的名片上并未印有"领导"这类字样，你将毫无疑问地成为确保客户能够获得你所售结果的那

第 19 章
运用技能组合,创造竞争优势

个人。

你已经努力培养了成功销售的十七元素。你在创造价值方面所做的准备已经超过了理想客户现在的需求。但是你的工作才刚刚开始。你永远也不能停下从个人与职业两方面完善自己的脚步。在这个混乱的时代,你需要不断磨砺自己的武器。

如果需要提神之物,那就再次拿起这本书。我建议你每个季度都翻一遍本书以及你所写下的笔记。选读你觉得自己仍需获得一些帮助的主题章节。阅读完本书各章之后,回头审视你已经完成的工作。选择一本列在该章最后的书籍进行阅读。

登录 www.iannarino.com 与我交流。如果你需要,我总会在那里准备好新的信息等待着你。

快去成为能够带来云泥之别的差异因素吧。做好你的工作。

最后一步——现在就开始!

如果你尚未这样做,那就登录 www.theonlysalesguide.com,下载本书附赠的练习手册。选择你现在真正需要努力的一章,完成该章的所有练习。一旦掌握了成功销售的那一部分因素,就选择另一章,重复上述步骤,直至完成整本练习册。

致　谢

这样一本书能够面世，仅仅向所有协助我塑造想法并完成书籍的人说声"谢谢"是远远不够的。

写书极其耗时。我最想感谢的人就是我的妻子雪儿，她一直在我身边支持着我。我的三个孩子，艾丹、米亚与艾娃，教会我的东西甚至超过了我对她们的教导。对于她们正在成形的品格，我感到自豪与感激。要是我不对斯甘浦、切尔西以及怪亨利——两条马尔他犬以及被我们救出的小猫——表达谢意，我的家人们就要不开心了。

我从我的母亲身上学到了很多知识。我要专门感谢她，是她为我树立了行动中体现关爱的最好范例。我不时便能获得的优良品质都源自她的鞭策。所有的缺点都是我自己造成的，而且她仍然在努力帮助我纠正这些缺点。

我也从两位最佳销售员身上学到了很多：我的姐姐萨达·拉米耶（最优秀的纯粹关系的建立者）与塔拉·伊安纳里诺（可以说，她在寻找潜在客户方面的效率全球无人能及）。我的弟弟杰

致　谢

森·伊安纳里诺是一位职业喜剧演员。我需要"段子"的时候，他也帮我写过不少。在我的销售员成长之路上，我的哥哥迈克起到了重要作用。当"销售"意味着要为我们的乐队"坏名声"预约现场演唱会的时候，是他在为我保驾护航！直到现在，我们还在一起写歌！

我的父亲是一位老派销售员，他要么在初次拜访客户时便能签下合约，要么便就此失去了这笔交易。他带着我踏入生活在不良社区中的家庭，招收那些在技校上学的孩子们，从此改变了他们的人生。他是一位伟大的销售经理，可以提出源源不断的建议。也是因为他，我才能当众发言。

我对Solutions Staffing这个大家庭中的家人感激不尽。佩格·马提维是我的第二位母亲。我的很多知识都是她教的，尤其是利润高于收入法则（这条经验可以受益许多人）。杰夫·富伦是我的同伙。我们打小就黏在一起，我们一起捣乱，一起犯错，一起创办伟大的公司。他教会了我很多东西，我们永远都是兄弟。布朗迪·汤普森、艾米·恩格勒特、贝基·库卡、罗恩·辛科、马特·伍德兰、凯丽·斯坦德福以及Solutions Staffing团队中的其他成员都是各自所处领域里的精英。无论何时何地，他们都能与任何一支团队相抗衡。

我在《成功》（SUCCESS）杂志的编辑，玛丽·文杰，在这本书从成形到出版的过程中发挥了重要作用。在修饰语言表达

直效销售

并且完成了整个开发编辑的过程中,巴里·福克斯给予了我极大的帮助。在如何实现本书的最佳布局这个问题上,特德·金尼为我指明了方向,并且帮助我删除了四项元素,极大提高了本书的质量。

我非常感谢贝丝·马思翠、希瑟·梅、布莱恩·托马斯、马特·斯蒂尔、凯西·鲍勃-埃特尔、大卫·斯皮克曼、史蒂夫·伯恩、马尔科姆·欣利、迈克·谢里登、瑞奇·艾瑞奥拉、杰森·施伦克、ThinkSales 公司的安德鲁·霍尼与尼科尔·霍尼、艾米·麦克托宾以及我在 Kinopicz 的朋友:佛朗西斯科、达米安、安珀和戴夫。

怎么可以落下我相识的那一大帮子人呢?我尤其要感谢迈克·温伯格、马克·亨特、迈尔斯·奥斯汀、杰布·布朗特、约翰·斯彭、麦克·孔克尔、利恩·霍格兰、史密斯·马特·海因茨、洛丽·理查森、道格·莱斯、保罗·麦克考得、蒂博尔·向朵、艾伦·迈耶、鲍勃·特尔松、卡琳·贝兰托尼、凯利·罗伯逊、托德·施伊克、爱丽丝·海曼、加里·哈特、南希·纳丁、安迪·保罗、史蒂文·罗森、埃莉诺·施图茨、理查德·拉夫与珍妮特·司柏拉、戴安娜、吉赢、黛比·卡尔弗特、杰克·马尔科姆、杰夫·贝亚尔斯、吉姆·基南、巴碧特·坦恩、哈肯、丹、瓦尔德施米特、蒂姆·奥哈伊、凯利·里格斯、多里安·琳、海迪、道儿·斯莱顿以及凯丽·麦考密克。

致　谢

　　我还必须感谢一些非官方的群落成员与导师，其中包括在全球信任研究上首屈一指的人物——查理·格林；我的兄弟克里斯·布罗根，我之所以能够熟练使用社交工具，多半都是他的功劳；杰出的戴夫·布罗克，如果我在销售领导力领域需要寻求建议，往往都会求助于他；耗费大量时间向我解释文案写作与演讲技巧的吉尔·康拉特。鲍勃·伯格是一位伟大的朋友，每当我需要帮助时，他总能施以援手。我也非常感谢我那无与伦比的奥地利兄弟——格哈德·格斯瓦德内。